www.ingramcontent.com/pod-product-compliance
Lightning Source LLC
Chambersburg PA
CBHW081242020426
42331CB00013B/3266

* 9 7 8 1 9 2 8 0 2 7 2 9 4 *

Elliott Michaelson

MAJS

Copyright Information

✡ Classroom Essentials ✡ Textbooks & E-books ✡ Smartphone & Tablet Apps ✡

Practical Solutions for Jewish Education...

www.adventurejudaism.net

A must-have for any Jewish program — just punch them out and pin them up! Perfect for bulletin boards, class projects, displays, announcements, alef-bet games and more. Available in 8 colours on varnished card stock.

Bar/Bat Mitzvah Survival Guides

Each guide includes blessings for all liturgical traditions!

Torah study & D'var Torah writing for the 21st Century. The Tanach comes alive with all-new age-appropriate retellings and valuable advice on how to approach the text and structure a D'var Torah. Full study texts for Torah & Haftarah are included. Available in print and ebook.

A unique, hands-on approach to mastering the alef-bet — with built-in flexibility for any program! It's also a great resource for Special Ed. Available in two editions: basic (letters only) and full (letters, vowels, and ending letters). Buy the textbook or buy the smartphone / tablet app!

YOM KIPPUR

Torah Option #1: Va-Yikra / Leviticus 16: 1-34 + Maftir 5
Torah Option #2: Devarim / Deuteronomy 29: 9 to 30: 20 + Maftir 15
Torah Option #3: Devarim / Deuteronomy 29: 9-14; 30: 11-20 25
Haftarah: Yish'ayah / Isaiah 57: 14 to 58: 14 (or 58: 1-14) 30
Ta'amei Ha-Mikra: Trop Charts 36

Divisions of Torah Readings

There are different customs for dividing the Torah readings. These are the most common ones. Check with your congregation ahead of time to make sure you choose the correct readings.

Va-Yikra / Leviticus 16:1-34		*Devarim / Deuteronomy 29:9 - 30:20*		*Devarim / Deuteronomy 29:9-14 + 30:11-20*
Holy Day only	Holy Day + Shabbat	Holy Day only	Holy Day + Shabbat	Holy Day only
16:1-6	16:1-3	29:9-11	29:9-11	29:9-14
16:7-11	16:4-6	29:12-14	29:12-14	30:11-14
16:12-17	16:7-11	29:15-28	29:15-28	30:15-20
16:18-24	16:12-17	30:1-6	30:1-6	
16:25-30	16:18-24	30:7-14	30:7-10	
16:31-34	16:25-30	30:15-20	30:11-14	
	16:31-34		30:15-20	
Maftir: Bamidbar / Numbers 29: 7-11 or Devarim / Deuteronomy 29: 9-11		*Maftir: Bamidbar / Numbers 29: 7-11*		

TORAH OPTION #1: VA-YIKRA / LEVITICUS 16: 1-34 + MAFTIR

Before the Torah reading, recite one of the following blessings.
Your Rabbi or teacher will tell you which one is appropriate for your community.
The Torah reading divisions can be found with the table of contents.

You call out:

בָּרְכוּ אֶת יְיָ הַמְבֹרָךְ.

The congregation responds:

בָּרוּךְ יְיָ הַמְבֹרָךְ לְעוֹלָם וָעֶד.

You say it back to them:

בָּרוּךְ יְיָ הַמְבֹרָךְ לְעוֹלָם וָעֶד.

You continue:

בָּרוּךְ אַתָּה יְיָ אֱלֹהֵינוּ מֶלֶךְ
הָעוֹלָם, אֲשֶׁר קֵרְבָנוּ לַעֲבוֹדָתוֹ
וְנָתַן לָנוּ אֶת תּוֹרָתוֹ.
בָּרוּךְ אַתָּה יְיָ, נוֹתֵן הַתּוֹרָה.

Let us praise Adonai, the Blessed One!
Let Adonai, the Blessed One,
be praised forever!

We praise You, Adonai our God, Ruler of the universe, who brought us closer to God's Work and gave us God's Torah.

We praise You, Adonai, the Giver of Torah.

You call out:

בָּרְכוּ אֶת יְיָ הַמְבֹרָךְ.

The congregation responds:

בָּרוּךְ יְיָ הַמְבֹרָךְ לְעוֹלָם וָעֶד.

You say it back to them:

בָּרוּךְ יְיָ הַמְבֹרָךְ לְעוֹלָם וָעֶד.

You continue:

בָּרוּךְ אַתָּה יְיָ אֱלֹהֵינוּ מֶלֶךְ
הָעוֹלָם, אֲשֶׁר בָּחַר בָּנוּ מִכָּל
הָעַמִּים וְנָתַן לָנוּ אֶת תּוֹרָתוֹ.
בָּרוּךְ אַתָּה יְיָ, נוֹתֵן הַתּוֹרָה.

Let us praise Adonai, the Blessed One!
Let Adonai, the Blessed One,
be praised forever!

We praise You, Adonai our God, Ruler of the universe, who chose us from all the nations to be given God's Torah.

We praise You, Adonai, the Giver of Torah.

After the Torah reading, recite the following blessing.

בָּרוּךְ אַתָּה יְיָ אֱלֹהֵינוּ מֶלֶךְ הָעוֹלָם, אֲשֶׁר נָתַן לָנוּ תּוֹרַת אֱמֶת, וְחַיֵּי
עוֹלָם נָטַע בְּתוֹכֵנוּ. בָּרוּךְ אַתָּה יְיָ, נוֹתֵן הַתּוֹרָה.

We praise You, Adonai our God, Ruler of the universe,
Who planted eternal life among us by giving us a Teaching of truth.

We praise You, Adonai, the Giver of Torah.

Torah reading divisions can be found with the table of contents.

1. וַיְדַבֵּ֤ר יְהוָה֙ אֶל־מֹשֶׁ֔ה אַחֲרֵ֣י מ֔וֹת
שְׁנֵ֖י בְּנֵ֣י אַהֲרֹ֑ן בְּקָרְבָתָ֥ם
לִפְנֵֽי־יְהוָ֖ה וַיָּמֻֽתוּ׃

2. וַיֹּ֨אמֶר יְהוָ֜ה אֶל־מֹשֶׁ֗ה דַּבֵּר֮
אֶל־אַהֲרֹ֣ן אָחִ֒יךָ֒ וְאַל־יָבֹ֤א
בְכׇל־עֵת֙ אֶל־הַקֹּ֔דֶשׁ מִבֵּ֖ית
לַפָּרֹ֑כֶת אֶל־פְּנֵ֨י הַכַּפֹּ֜רֶת אֲשֶׁ֤ר
עַל־הָאָרֹן֙ וְלֹ֣א יָמ֔וּת כִּ֚י בֶּֽעָנָ֔ן
אֵרָאֶ֖ה עַל־הַכַּפֹּֽרֶת׃

3. בְּזֹ֛את יָבֹ֥א אַהֲרֹ֖ן אֶל־הַקֹּ֑דֶשׁ בְּפַ֧ר
בֶּן־בָּקָ֛ר לְחַטָּ֖את וְאַ֥יִל לְעֹלָֽה׃

4. כְּתֹֽנֶת־בַּ֨ד קֹ֜דֶשׁ יִלְבָּ֗שׁ
וּמִֽכְנְסֵי־בַד֮ יִהְי֣וּ עַל־בְּשָׂרוֹ֒
וּבְאַבְנֵ֥ט בַּד֙ יַחְגֹּ֔ר וּבְמִצְנֶ֥פֶת בַּ֖ד
יִצְנֹ֑ף בִּגְדֵי־קֹ֣דֶשׁ הֵ֔ם וְרָחַ֥ץ בַּמַּ֛יִם
אֶת־בְּשָׂר֖וֹ וּלְבֵשָֽׁם׃

5. וּמֵאֵ֗ת עֲדַת֙ בְּנֵ֣י יִשְׂרָאֵ֔ל יִקַּ֛ח
שְׁנֵֽי־שְׂעִירֵ֥י עִזִּ֖ים לְחַטָּ֑את וְאַ֥יִל
אֶחָ֖ד לְעֹלָֽה׃

6. וְהִקְרִ֧יב אַהֲרֹ֛ן אֶת־פַּ֥ר הַחַטָּ֖את
אֲשֶׁר־ל֑וֹ וְכִפֶּ֥ר בַּֽעֲד֖וֹ וּבְעַ֥ד בֵּיתֽוֹ׃

7. וְלָקַ֖ח אֶת־שְׁנֵ֣י הַשְּׂעִירִ֑ם וְהֶֽעֱמִ֤יד
אֹתָם֙ לִפְנֵ֣י יְהוָ֔ה פֶּ֖תַח אֹ֥הֶל מוֹעֵֽד׃

8. וְנָתַ֧ן אַהֲרֹ֛ן עַל־שְׁנֵ֥י הַשְּׂעִירִ֖ם
גֹּרָל֑וֹת גּוֹרָ֤ל אֶחָד֙ לַֽיהוָ֔ה וְגוֹרָ֥ל
אֶחָ֖ד לַעֲזָאזֵֽל׃

ישראל מטמאתם ולא ימתו
בטמאתם בטמאם את משכני אשר
בתוכם זאת תורת הזב ואשר תצא
ממנו שכבת זרע לטמאה בה והדוה
בנדתה והזב את זובו לזכר ולנקבה
ולאיש אשר ישכב עם טמאה
וידבר יהוה אל משה אחרי מות שני
בני אהרן בקרבתם לפני יהוה וימתו
ויאמר יהוה אל משה דבר אל אהרן
אחיך ואל יבא בכל עת אל הקדש
מבית לפרכת אל פני הכפרת אשר
על הארן ולא ימות כי בענן אראה
על הכפרת   בזאת יבא אהרן אל
הקדש בפר בן בקר לחטאת ואיל
לעלה כתנת בד קדש ילבש ומכנסי
בד יהיו על בשרו ובאבנט בד יחגר
ובמצנפת בד יצנף בגדי קדש הם
ורחץ במים את בשרו ולבשם ומאת
עדת בני ישראל יקח שני שעירי
עזים לחטאת ואיל אחד לעלה
והקריב אהרן את פר החטאת אשר
לו וכפר בעדו ובעד ביתו ולקח את
שני השעירם והעמיד אתם לפני
יהוה פתח אהל מועד ונתן אהרן על
שני השעירם גרלות גורל אחד
ליהוה וגורל אחד לעזאזל והקריב

Torah reading divisions can be found with the table of contents.

9. וְהִקְרִ֤יב אַהֲרֹן֙ אֶת־הַשָּׂעִ֔יר אֲשֶׁ֨ר
עָלָ֥ה עָלָ֛יו הַגּוֹרָ֖ל לַיהוָ֑ה וְעָשָׂ֖הוּ
חַטָּֽאת׃

10. וְהַשָּׂעִ֗יר אֲשֶׁר֩ עָלָ֨ה עָלָ֤יו הַגּוֹרָל֙
לַעֲזָאזֵ֔ל יָֽעֳמַד־חַ֛י לִפְנֵ֥י יְהוָ֖ה
לְכַפֵּ֣ר עָלָ֑יו לְשַׁלַּ֥ח אֹת֛וֹ לַעֲזָאזֵ֖ל
הַמִּדְבָּֽרָה׃

11. וְהִקְרִ֨יב אַהֲרֹ֜ן אֶת־פַּ֤ר הַֽחַטָּאת֙
אֲשֶׁר־ל֔וֹ וְכִפֶּ֥ר בַּעֲד֖וֹ וּבְעַ֣ד בֵּית֑וֹ
וְשָׁחַ֛ט אֶת־פַּ֥ר הַֽחַטָּ֖את אֲשֶׁר־לֽוֹ׃

12. וְלָקַ֣ח מְלֹֽא־הַ֠מַּחְתָּה גַּֽחֲלֵי־אֵ֞שׁ
מֵעַ֤ל הַמִּזְבֵּ֙חַ֙ מִלִּפְנֵ֣י יְהוָ֔ה וּמְלֹ֣א
חָפְנָ֔יו קְטֹ֥רֶת סַמִּ֖ים דַּקָּ֑ה וְהֵבִ֖יא
מִבֵּ֥ית לַפָּרֹֽכֶת׃

13. וְנָתַ֧ן אֶת־הַקְּטֹ֛רֶת עַל־הָאֵ֖שׁ לִפְנֵ֣י
יְהוָ֑ה וְכִסָּ֣ה ׀ עֲנַ֣ן הַקְּטֹ֗רֶת
אֶת־הַכַּפֹּ֛רֶת אֲשֶׁ֥ר עַל־הָעֵד֖וּת
וְלֹ֥א יָמֽוּת׃

14. וְלָקַח֙ מִדַּ֣ם הַפָּ֔ר וְהִזָּ֥ה בְאֶצְבָּע֖וֹ
עַל־פְּנֵ֣י הַכַּפֹּ֑רֶת קֵ֑דְמָה וְלִפְנֵ֣י
הַכַּפֹּ֗רֶת יַזֶּ֧ה שֶֽׁבַע־פְּעָמִ֛ים
מִן־הַדָּ֖ם בְּאֶצְבָּעֽוֹ׃

15. וְשָׁחַ֞ט אֶת־שְׂעִ֤יר הַֽחַטָּאת֙ אֲשֶׁ֣ר
לָעָ֔ם וְהֵבִיא֙ אֶת־דָּמ֔וֹ אֶל־מִבֵּ֖ית
לַפָּרֹ֑כֶת וְעָשָׂ֣ה אֶת־דָּמ֗וֹ כַּאֲשֶׁ֤ר
עָשָׂה֙ לְדַ֣ם הַפָּ֔ר וְהִזָּ֥ה אֹת֛וֹ
עַל־הַכַּפֹּ֖רֶת וְלִפְנֵ֥י הַכַּפֹּֽרֶת׃

אהרן את השעיר אשר עלה עליו
הגורל ליהוה ועשהו חטאת והשעיר
אשר עלה עליו הגורל לעזאזל
יעמד חי לפני יהוה לכפר עליו
לשלח אתו לעזאזל
המדברה והקריב אהרן את פר
החטאת אשר לו וכפר בעדו ובעד
ביתו ושחט את פר החטאת אשר לו
ולקח מלא המחתה גחלי אש מעל
המזבח מלפני יהוה ומלא חפניו
קטרת סמים דקה והביא מבית
לפרכת ונתן את הקטרת על האש
לפני יהוה וכסה ענן הקטרת את
הכפרת אשר על העדות ולא ימות
ולקח מדם הפר והזה באצבעו על
פני הכפרת קדמה ולפני הכפרת יזה
שבע פעמים מן הדם באצבעו ושחט
את שעיר החטאת אשר לעם והביא
את דמו אל מבית לפרכת ועשה את
דמו כאשר עשה לדם הפר והזה אתו
על הכפרת ולפני הכפרת וכפר על

Torah reading divisions can be found with the table of contents.

16. וְכִפֶּר עַל־הַקֹּדֶשׁ מִטֻּמְאֹת בְּנֵי
יִשְׂרָאֵל וּמִפִּשְׁעֵיהֶם לְכָל־חַטֹּאתָם
וְכֵן יַעֲשֶׂה לְאֹהֶל מוֹעֵד הַשֹּׁכֵן
אִתָּם בְּתוֹךְ טֻמְאֹתָם׃

17. וְכָל־אָדָם לֹא־יִהְיֶה | בְּאֹהֶל מוֹעֵד
בְּבֹאוֹ לְכַפֵּר בַּקֹּדֶשׁ עַד־צֵאתוֹ
וְכִפֶּר בַּעֲדוֹ וּבְעַד בֵּיתוֹ וּבְעַד
כָּל־קְהַל יִשְׂרָאֵל׃

18. וְיָצָא אֶל־הַמִּזְבֵּחַ אֲשֶׁר
לִפְנֵי־יְהוָה וְכִפֶּר עָלָיו וְלָקַח מִדַּם
הַפָּר וּמִדַּם הַשָּׂעִיר וְנָתַן
עַל־קַרְנוֹת הַמִּזְבֵּחַ סָבִיב׃

19. וְהִזָּה עָלָיו מִן־הַדָּם בְּאֶצְבָּעוֹ
שֶׁבַע פְּעָמִים וְטִהֲרוֹ וְקִדְּשׁוֹ
מִטֻּמְאֹת בְּנֵי יִשְׂרָאֵל׃

20. וְכִלָּה מִכַּפֵּר אֶת־הַקֹּדֶשׁ
וְאֶת־אֹהֶל מוֹעֵד וְאֶת־הַמִּזְבֵּחַ
וְהִקְרִיב אֶת־הַשָּׂעִיר הֶחָי׃

21. וְסָמַךְ אַהֲרֹן אֶת־שְׁתֵּי יָדָו [יָדָיו]
עַל־רֹאשׁ הַשָּׂעִיר הַחַי וְהִתְוַדָּה
עָלָיו אֶת־כָּל־עֲוֹנֹת בְּנֵי יִשְׂרָאֵל
וְאֶת־כָּל־פִּשְׁעֵיהֶם לְכָל־חַטֹּאתָם
וְנָתַן אֹתָם עַל־רֹאשׁ הַשָּׂעִיר
וְשִׁלַּח בְּיַד־אִישׁ עִתִּי הַמִּדְבָּרָה׃

22. וְנָשָׂא הַשָּׂעִיר עָלָיו
אֶת־כָּל־עֲוֹנֹתָם אֶל־אֶרֶץ גְּזֵרָה
וְשִׁלַּח אֶת־הַשָּׂעִיר בַּמִּדְבָּר׃

הקדש מטמאת בני ישראל
ומפשעיהם לכל חטאתם וכן יעשה
לאהל מועד השכן אתם בתוך
טמאתם וכל אדם לא יהיה באהל
מועד בבאו לכפר בקדש עד צאתו
וכפר בעדו ובעד ביתו ובעד כל
קהל ישראל ויצא אל המזבח אשר
לפני יהוה וכפר עליו ולקח מדם
הפר ומדם השעיר ונתן על קרנות
המזבח סביב והזה עליו מן הדם
באצבעו שבע פעמים וטהרו וקדשו
מטמאת בני ישראל וכלה מכפר את
הקדש ואת אהל מועד ואת המזבח
והקריב את השעיר החי וסמך אהרן
את שתי ידו על ראש השעיר החי
והתודה עליו את כל עונת בני
ישראל ואת כל פשעיהם לכל
חטאתם ונתן אתם על ראש השעיר
ושלח ביד איש עתי המדברה ונשא
השעיר עליו את כל עונתם אל ארץ
גזרה ושלח את השעיר במדבר ובא

Torah reading divisions can be found with the table of contents.

23. וּבָ֤א אַהֲרֹן֙ אֶל־אֹ֣הֶל מוֹעֵ֔ד וּפָשַׁט֙
אֶת־בִּגְדֵ֣י הַבָּ֔ד אֲשֶׁ֥ר לָבַ֖שׁ בְּבֹא֣וֹ
אֶל־הַקֹּ֑דֶשׁ וְהִנִּיחָ֖ם שָֽׁם׃

24. וְרָחַ֨ץ אֶת־בְּשָׂר֤וֹ בַמַּ֙יִם֙ בְּמָק֣וֹם
קָד֔וֹשׁ וְלָבַ֖שׁ אֶת־בְּגָדָ֑יו וְיָצָ֗א
וְעָשָׂ֤ה אֶת־עֹֽלָתוֹ֙ וְאֶת־עֹלַ֣ת הָעָ֔ם
וְכִפֶּ֥ר בַּעֲד֖וֹ וּבְעַ֥ד הָעָֽם׃

25. וְאֵ֖ת חֵ֣לֶב הַֽחַטָּ֑את יַקְטִ֖יר
הַמִּזְבֵּֽחָה׃

26. וְהַֽמְשַׁלֵּ֤חַ אֶת־הַשָּׂעִיר֙ לַֽעֲזָאזֵ֔ל
יְכַבֵּ֣ס בְּגָדָ֔יו וְרָחַ֥ץ אֶת־בְּשָׂר֖וֹ
בַּמָּ֑יִם וְאַחֲרֵי־כֵ֖ן יָב֥וֹא
אֶל־הַֽמַּחֲנֶֽה׃

27. וְאֵת֩ פַּ֨ר הַֽחַטָּ֜את וְאֵ֣ת ׀ שְׂעִ֣יר
הַֽחַטָּ֗את אֲשֶׁ֨ר הוּבָ֤א אֶת־דָּמָם֙
לְכַפֵּ֣ר בַּקֹּ֔דֶשׁ יוֹצִ֖יא אֶל־מִח֣וּץ
לַֽמַּחֲנֶ֑ה וְשָׂרְפ֣וּ בָאֵ֔שׁ אֶת־עֹרֹתָ֥ם
וְאֶת־בְּשָׂרָ֖ם וְאֶת־פִּרְשָֽׁם׃

28. וְהַשֹּׂרֵ֣ף אֹתָ֔ם יְכַבֵּ֣ס בְּגָדָ֔יו וְרָחַ֥ץ
אֶת־בְּשָׂר֖וֹ בַּמָּ֑יִם וְאַחֲרֵי־כֵ֖ן יָב֥וֹא
אֶל־הַֽמַּחֲנֶֽה׃

29. וְהָיְתָ֥ה לָכֶ֖ם לְחֻקַּ֣ת עוֹלָ֑ם בַּחֹ֣דֶשׁ
הַשְּׁבִיעִ֡י בֶּֽעָשׂוֹר֩ לַחֹ֨דֶשׁ תְּעַנּ֜וּ
אֶת־נַפְשֹׁתֵיכֶ֗ם וְכָל־מְלָאכָה֙ לֹ֣א
תַֽעֲשׂ֔וּ הָֽאֶזְרָ֕ח וְהַגֵּ֖ר הַגָּ֥ר
בְּתוֹכְכֶֽם׃

אהרן אל אהל מועד ופשט את בגדי
הבד אשר לבש בבאו אל הקדש
והניחם שם ורחץ את בשרו במים
במקום קדוש ולבש את בגדיו ויצא
ועשה את עלתו ואת עלת העם וכפר
בעדו ובעד העם ואת חלב החטאת
יקטיר המזבחה והמשלח את השעיר
לעזאזל יכבס בגדיו ורחץ את בשרו
במים ואחרי כן יבוא אל המחנה
ואת פר החטאת ואת שעיר החטאת
אשר הובא את דמם לכפר בקדש
יוציא אל מחוץ למחנה ושרפו באש
את ערתם ואת בשרם ואת פרשם
והשרף אתם יכבס בגדיו ורחץ את
בשרו במים ואחרי כן יבוא אל
המחנה והיתה לכם לחקת עולם
בחדש השביעי בעשור לחדש תענו
את נפשתיכם וכל מלאכה לא תעשו
האזרח והגר הגר בתוככם כי ביום

Torah reading divisions can be found with the table of contents.

30. כִּֽי־בַיּ֥וֹם הַזֶּ֛ה יְכַפֵּ֥ר עֲלֵיכֶ֖ם לְטַהֵ֣ר
אֶתְכֶ֑ם מִכֹּל֙ חַטֹּ֣אתֵיכֶ֔ם לִפְנֵ֥י יְהוָ֖ה
תִּטְהָֽרוּ׃

31. שַׁבַּ֨ת שַׁבָּת֥וֹן הִיא֙ לָכֶ֔ם וְעִנִּיתֶ֖ם
אֶת־נַפְשֹׁתֵיכֶ֑ם חֻקַּ֖ת עוֹלָֽם׃

32. וְכִפֶּ֨ר הַכֹּהֵ֜ן אֲשֶׁר־יִמְשַׁ֣ח אֹת֗וֹ
וַאֲשֶׁ֤ר יְמַלֵּא֙ אֶת־יָד֔וֹ לְכַהֵ֖ן תַּ֣חַת
אָבִ֑יו וְלָבַ֛שׁ אֶת־בִּגְדֵ֥י הַבָּ֖ד בִּגְדֵ֥י
הַקֹּֽדֶשׁ׃

33. וְכִפֶּר֙ אֶת־מִקְדַּ֣שׁ הַקֹּ֔דֶשׁ
וְאֶת־אֹ֧הֶל מוֹעֵ֛ד וְאֶת־הַמִּזְבֵּ֖חַ
יְכַפֵּ֑ר וְעַ֧ל הַכֹּהֲנִ֛ים וְעַל־כָּל־עַ֥ם
הַקָּהָ֖ל יְכַפֵּֽר׃

34. וְהָֽיְתָה־זֹּ֨את לָכֶ֜ם לְחֻקַּ֣ת עוֹלָ֗ם
לְכַפֵּ֞ר עַל־בְּנֵ֤י יִשְׂרָאֵל֙
מִכָּל־חַטֹּאתָ֔ם אַחַ֖ת בַּשָּׁנָ֑ה וַיַּ֕עַשׂ
כַּאֲשֶׁ֛ר צִוָּ֥ה יְהוָ֖ה אֶת־מֹשֶֽׁה׃

הזה יכפר עליכם לטהר אתכם מכל
חטאתיכם לפני יהוה תטהרו שבת
שבתון היא לכם ועניתם את
נפשתיכם חקת עולם וכפר הכהן
אשר ימשח אתו ואשר ימלא את ידו
לכהן תחת אביו ולבש את בגדי
הבד בגדי הקדש וכפר את מקדש
הקדש ואת אהל מועד ואת המזבח
יכפר ועל הכהנים ועל כל עם הקהל
יכפר והיתה זאת לכם לחקת עולם
לכפר על בני ישראל מכל חטאתם
אחת בשנה ויעש כאשר צוה יהוה
את משה

וידבר יהוה אל משה לאמר דבר
אל אהרן ואל בניו ואל כל בני
ישראל ואמרת אליהם זה הדבר
אשר צוה יהוה לאמר איש איש

CONTINUE WITH ONE OF THE MAFTIR OPTIONS ON PAGES 12 OR 13.

MAFTIR OPTION #1

BAMIDBAR / NUMBERS 29: 7-11

(FOR AN ALTERNATIVE MAFTIR, SEE P. 26)

7. וּבֶעָשׂוֹר לַחֹדֶשׁ הַשְּׁבִיעִי הַזֶּה
מִקְרָא־קֹדֶשׁ יִהְיֶה לָכֶם וְעִנִּיתֶם
אֶת־נַפְשֹׁתֵיכֶם כָּל־מְלָאכָה לֹא
תַעֲשׂוּ׃

8. וְהִקְרַבְתֶּם עֹלָה לַיהוָה רֵיחַ
נִיחֹחַ פַּר בֶּן־בָּקָר אֶחָד אַיִל
אֶחָד כְּבָשִׂים בְּנֵי־שָׁנָה שִׁבְעָה
תְּמִימִם יִהְיוּ לָכֶם׃

9. וּמִנְחָתָם סֹלֶת בְּלוּלָה בַשָּׁמֶן
שְׁלֹשָׁה עֶשְׂרֹנִים לַפָּר שְׁנֵי
עֶשְׂרֹנִים לָאַיִל הָאֶחָד׃

10. עִשָּׂרוֹן עִשָּׂרוֹן לַכֶּבֶשׂ הָאֶחָד
לְשִׁבְעַת הַכְּבָשִׂים׃

11. שְׂעִיר־עִזִּים אֶחָד חַטָּאת מִלְּבַד
חַטַּאת הַכִּפֻּרִים וְעֹלַת הַתָּמִיד
וּמִנְחָתָהּ וְנִסְכֵּיהֶם׃

עזים אחד חטאת לכפר עליכם מלבד
עלת החדש ומנחתה ועלת התמיד
ומנחתה ונסכיהם כמשפטם לריח ניחח
אשה ליהוה ובעשור לחדש
השביעי הזה מקרא קדש יהיה לכם
ועניתם את נפשתיכם כל מלאכה לא
תעשו והקרבתם עלה ליהוה ריח ניחח
פר בן בקר אחד איל אחד כבשים בני
שנה שבעה תמימם יהיו לכם ומנחתם
סלת בלולה בשמן שלשה עשרנים
לפר שני עשרנים לאיל האחד עשרון
עשרון לכבש האחד לשבעת הכבשים
שעיר עזים אחד חטאת מלבד חטאת
הכפרים ועלת התמיד ומנחתה
ונסכיהם ובחמשה עשר
יום לחדש השביעי מקרא קדש יהיה
לכם כל מלאכת עבדה לא תעשו
וחגתם חג ליהוה שבעת
ימים והקרבתם עלה אשה ריח ניחח
ליהוה פרים בני בקר שלשה עשר
אילם שנים כבשים בני שנה ארבעה

Torah reading divisions can be found with the table of contents.

MAFTIR OPTION #2

DEVARIM / DEUTERONOMY 29: 9-11

ונכם ונקח את ארצם ונתנה לנחלה
לראובני ולגדי ולחצי שבט המנשי
ושמרתם את דברי הברית הזאת
ועשיתם אתם למען תשכילו את כל
אשר תעשון
אתם נצבים היום כלכם לפני יהוה
אלהיכם ראשיכם שבטיכם זקניכם
ושטריכם כל איש ישראל טפכם
נשיכם וגרך אשר בקרב מחניך
מחטב עציך עד שאב מימיך לעברך
בברית יהוה אלהיך ובאלתו אשר
יהוה אלהיך כרת עמך היום למען
הקים אתך היום לו לעם והוא יהיה
לך לאלהים כאשר דבר לך וכאשר
נשבע לאבתיך לאברהם ליצחק
וליעקב ולא אתכם לבדכם אנכי

9. אַתֶּ֨ם נִצָּבִ֤ים הַיּוֹם֙ כֻּלְּכֶ֔ם לִפְנֵ֖י
יְהוָ֣ה אֱלֹהֵיכֶ֑ם רָאשֵׁיכֶ֣ם שִׁבְטֵיכֶ֗ם
זִקְנֵיכֶם֙ וְשֹׁ֣טְרֵיכֶ֔ם כֹּ֖ל אִ֥ישׁ
יִשְׂרָאֵֽל׃

10. טַפְּכֶ֣ם נְשֵׁיכֶ֔ם וְגֵ֣רְךָ֔ אֲשֶׁ֖ר בְּקֶ֣רֶב
מַחֲנֶ֑יךָ מֵחֹטֵ֣ב עֵצֶ֔יךָ עַ֖ד שֹׁאֵ֥ב
מֵימֶֽיךָ׃

11. לְעָבְרְךָ֗ בִּבְרִ֛ית יְהוָ֥ה אֱלֹהֶ֖יךָ
וּבְאָלָת֑וֹ אֲשֶׁר֙ יְהוָ֣ה אֱלֹהֶ֔יךָ כֹּרֵ֥ת
עִמְּךָ֖ הַיּֽוֹם׃

Torah reading divisions can be found with the table of contents.

TORAH OPTION #2: DEVARIM / DEUTERONOMY 29: 9 TO 30: 20 + MAFTIR

Before the Torah reading, recite one of the following blessings.
Your Rabbi or teacher will tell you which one is appropriate for your community.
The Torah reading divisions can be found with the table of contents.

You call out:

בָּרְכוּ אֶת יְיָ הַמְבֹרָךְ.

The congregation responds:

בָּרוּךְ יְיָ הַמְבֹרָךְ לְעוֹלָם וָעֶד.

You say it back to them:

בָּרוּךְ יְיָ הַמְבֹרָךְ לְעוֹלָם וָעֶד.

You continue:

בָּרוּךְ אַתָּה יְיָ אֱלֹהֵינוּ מֶלֶךְ
הָעוֹלָם, אֲשֶׁר קֵרְבָנוּ לַעֲבוֹדָתוֹ
וְנָתַן לָנוּ אֶת תּוֹרָתוֹ.
בָּרוּךְ אַתָּה יְיָ, נוֹתֵן הַתּוֹרָה.

Let us praise Adonai, the Blessed One!
Let Adonai, the Blessed One,
be praised forever!

We praise You, Adonai our God, Ruler of the universe, who brought us closer to God's Work and gave us God's Torah.

We praise You, Adonai, the Giver of Torah.

You call out:

בָּרְכוּ אֶת יְיָ הַמְבֹרָךְ.

The congregation responds:

בָּרוּךְ יְיָ הַמְבֹרָךְ לְעוֹלָם וָעֶד.

You say it back to them:

בָּרוּךְ יְיָ הַמְבֹרָךְ לְעוֹלָם וָעֶד.

You continue:

בָּרוּךְ אַתָּה יְיָ אֱלֹהֵינוּ מֶלֶךְ
הָעוֹלָם, אֲשֶׁר בָּחַר בָּנוּ מִכָּל
הָעַמִּים וְנָתַן לָנוּ אֶת תּוֹרָתוֹ.
בָּרוּךְ אַתָּה יְיָ, נוֹתֵן הַתּוֹרָה.

Let us praise Adonai, the Blessed One!
Let Adonai, the Blessed One,
be praised forever!

We praise You, Adonai our God, Ruler of the universe, who chose us from all the nations to be given God's Torah.

We praise You, Adonai, the Giver of Torah.

After the Torah reading, recite the following blessing.

בָּרוּךְ אַתָּה יְיָ אֱלֹהֵינוּ מֶלֶךְ הָעוֹלָם, אֲשֶׁר נָתַן לָנוּ תּוֹרַת אֱמֶת, וְחַיֵּי
עוֹלָם נָטַע בְּתוֹכֵנוּ. בָּרוּךְ אַתָּה יְיָ, נוֹתֵן הַתּוֹרָה.

We praise You, Adonai our God, Ruler of the universe,
Who planted eternal life among us by giving us a Teaching of truth.

We praise You, Adonai, the Giver of Torah.

Torah reading divisions can be found with the table of contents.

אתכם ארבעים שנה במדבר לא
בלו שלמתיכם מעליכם ונעלך לא
בלתה מעל רגלך לחם לא אכלתם
ויין ושכר לא שתיתם למען תדעו כי
אני יהוה אלהיכם ותבאו אל המקום
הזה ויצא סיחן מלך חשבון ועוג
מלך הבשן לקראתנו למלחמה ונכם
ונקח את ארצם ונתנה לנחלה
לראובני ולגדי ולחצי שבט המנשי
ושמרתם את דברי הברית הזאת
ועשיתם אתם למען תשכילו את כל
אשר תעשון
אתם נצבים היום כלכם לפני יהוה
אלהיכם ראשיכם שבטיכם זקניכם
ושטריכם כל איש ישראל טפכם
נשיכם וגרך אשר בקרב מחניך
מחטב עציך עד שאב מימיך לעברך
בברית יהוה אלהיך ובאלתו אשר
יהוה אלהיך כרת עמך היום למען
הקים אתך היום לו לעם והוא יהיה
לך לאלהים כאשר דבר לך וכאשר
נשבע לאבתיך לאברהם ליצחק
וליעקב ולא אתכם לבדכם אנכי
כרת את הברית הזאת ואת האלה
הזאת כי את אשר ישנו פה עמנו
עמד היום לפני יהוה אלהינו ואת

Chapter 29

9. אַתֶּ֨ם נִצָּבִ֤ים הַיּוֹם֙ כֻּלְּכֶ֔ם לִפְנֵ֖י
יְהוָ֣ה אֱלֹהֵיכֶ֑ם רָאשֵׁיכֶ֣ם שִׁבְטֵיכֶ֗ם
זִקְנֵיכֶם֙ וְשֹׁ֣טְרֵיכֶ֔ם כֹּ֖ל אִ֥ישׁ יִשְׂרָאֵֽל׃

10. טַפְּכֶ֣ם נְשֵׁיכֶ֔ם וְגֵ֣רְךָ֔ אֲשֶׁ֖ר בְּקֶ֣רֶב
מַחֲנֶ֑יךָ מֵחֹטֵ֣ב עֵצֶ֔יךָ עַ֖ד שֹׁאֵ֥ב
מֵימֶֽיךָ׃

11. לְעָבְרְךָ֗ בִּבְרִ֛ית יְהוָ֥ה אֱלֹהֶ֖יךָ
וּבְאָלָת֑וֹ אֲשֶׁר֙ יְהוָ֣ה אֱלֹהֶ֔יךָ כֹּרֵ֥ת
עִמְּךָ֖ הַיּֽוֹם׃

12. לְמַ֣עַן הָקִֽים־אֹתְךָ֩ הַיּ֨וֹם ׀ ל֜וֹ לְעָ֗ם
וְה֤וּא יִֽהְיֶה־לְּךָ֙ לֵֽאלֹהִ֔ים כַּאֲשֶׁ֖ר
דִּבֶּר־לָ֑ךְ וְכַאֲשֶׁ֤ר נִשְׁבַּע֙ לַאֲבֹתֶ֔יךָ
לְאַבְרָהָ֥ם לְיִצְחָ֖ק וּֽלְיַעֲקֹֽב׃

13. וְלֹ֥א אִתְּכֶ֖ם לְבַדְּכֶ֑ם אָנֹכִ֗י כֹּרֵת֙
אֶת־הַבְּרִ֣ית הַזֹּ֔את וְאֶת־הָאָלָ֖ה
הַזֹּֽאת׃

14. כִּי֩ אֶת־אֲשֶׁ֨ר יֶשְׁנ֜וֹ פֹּ֗ה עִמָּ֙נוּ֙ עֹמֵ֣ד
הַיּ֔וֹם לִפְנֵ֖י יְהוָ֣ה אֱלֹהֵ֑ינוּ וְאֵ֨ת אֲשֶׁ֥ר
אֵינֶ֛נּוּ פֹּ֖ה עִמָּ֥נוּ הַיּֽוֹם׃

Torah reading divisions can be found with the table of contents.

15. כִּי־אַתֶּם יְדַעְתֶּם אֵת אֲשֶׁר־יָשַׁבְנוּ בְּאֶרֶץ מִצְרָיִם וְאֵת אֲשֶׁר־עָבַרְנוּ בְּקֶרֶב הַגּוֹיִם אֲשֶׁר עֲבַרְתֶּם:

16. וַתִּרְאוּ אֶת־שִׁקּוּצֵיהֶם וְאֵת גִּלֻּלֵיהֶם עֵץ וָאֶבֶן כֶּסֶף וְזָהָב אֲשֶׁר עִמָּהֶם:

17. פֶּן־יֵשׁ בָּכֶם אִישׁ אוֹ־אִשָּׁה אוֹ מִשְׁפָּחָה אוֹ־שֵׁבֶט אֲשֶׁר לְבָבוֹ פֹנֶה הַיּוֹם מֵעִם יְהוָה אֱלֹהֵינוּ לָלֶכֶת לַעֲבֹד אֶת־אֱלֹהֵי הַגּוֹיִם הָהֵם פֶּן־יֵשׁ בָּכֶם שֹׁרֶשׁ פֹּרֶה רֹאשׁ וְלַעֲנָה:

18. וְהָיָה בְּשָׁמְעוֹ אֶת־דִּבְרֵי הָאָלָה הַזֹּאת וְהִתְבָּרֵךְ בִּלְבָבוֹ לֵאמֹר שָׁלוֹם יִהְיֶה־לִּי כִּי בִּשְׁרִרוּת לִבִּי אֵלֵךְ לְמַעַן סְפוֹת הָרָוָה אֶת־הַצְּמֵאָה:

19. לֹא־יֹאבֶה יְהוָה סְלֹחַ לוֹ כִּי אָז יֶעְשַׁן אַף־יְהוָה וְקִנְאָתוֹ בָּאִישׁ הַהוּא וְרָבְצָה בּוֹ כָּל־הָאָלָה הַכְּתוּבָה בַּסֵּפֶר הַזֶּה וּמָחָה יְהוָה אֶת־שְׁמוֹ מִתַּחַת הַשָּׁמָיִם:

20. וְהִבְדִּילוֹ יְהוָה לְרָעָה מִכֹּל שִׁבְטֵי יִשְׂרָאֵל כְּכֹל אָלוֹת הַבְּרִית הַכְּתוּבָה בְּסֵפֶר הַתּוֹרָה הַזֶּה:

אֲשֶׁר אֵינֶנּוּ פֹּה עִמָּנוּ הַיּוֹם כִּי אֶתֶם
יְדַעְתֶּם אֵת אֲשֶׁר יָשַׁבְנוּ בָּאֶרֶץ
מִצְרַיִם וְאֵת אֲשֶׁר עָבַרְנוּ בְּקֶרֶב הַגּוֹיִם
אֲשֶׁר עֲבַרְתֶּם וַתִּרְאוּ אֵת שִׁקּוּצֵיהֶם
וְאֵת גִּלֻּלֵיהֶם עֵץ וָאֶבֶן כֶּסֶף וְזָהָב
אֲשֶׁר עִמָּהֶם פֶּן יֵשׁ בָּכֶם אִישׁ אוֹ
אִשָּׁה אוֹ מִשְׁפָּחָה אוֹ שֵׁבֶט אֲשֶׁר
לְבָבוֹ פָנָה הַיּוֹם מֵעִם יְהוָה אֱלֹהֵינוּ
לָלֶכֶת לַעֲבֹד אֵת אֱלֹהֵי הַגּוֹיִם הָהֵם
פֶּן יֵשׁ בָּכֶם שֹׁרֶשׁ פֹּרֶה רֹאשׁ וְלַעֲנָה
וְהָיָה בְּשָׁמְעוֹ אֵת דִּבְרֵי הָאָלָה הַזֹּאת
וְהִתְבָּרֵךְ בִּלְבָבוֹ לֵאמֹר שָׁלוֹם יִהְיֶה
לִּי כִּי בִּשְׁרִרוּת לִבִּי אֵלֵךְ לְמַעַן
סְפוֹת הָרָוָה אֵת הַצְּמֵאָה לֹא יֹאבֶה
יְהוָה סְלֹחַ לוֹ כִּי אָז יֶעְשַׁן אַף יְהוָה
וְקִנְאָתוֹ בָּאִישׁ הַהוּא וְרָבְצָה בּוֹ כָל
הָאָלָה הַכְּתוּבָה בַּסֵּפֶר הַזֶּה וּמָחָה
יְהוָה אֵת שְׁמוֹ מִתַּחַת הַשָּׁמַיִם
וְהִבְדִּילוֹ יְהוָה לְרָעָה מִכֹּל שִׁבְטֵי
יִשְׂרָאֵל כְּכֹל אָלוֹת הַבְּרִית הַכְּתוּבָה

Torah reading divisions can be found with the table of contents.

21. וְאָמַר הַדּוֹר הָאַחֲרוֹן בְּנֵיכֶם אֲשֶׁר
יָקוּמוּ מֵאַחֲרֵיכֶם וְהַנָּכְרִי אֲשֶׁר יָבֹא
מֵאֶרֶץ רְחוֹקָה וְרָאוּ אֶת־מַכּוֹת
הָאָרֶץ הַהִוא וְאֶת־תַּחֲלֻאֶיהָ
אֲשֶׁר־חִלָּה יְהוָה בָּהּ׃

22. גָּפְרִית וָמֶלַח שְׂרֵפָה כָל־אַרְצָהּ לֹא
תִזָּרַע וְלֹא תַצְמִחַ וְלֹא־יַעֲלֶה בָהּ
כָּל־עֵשֶׂב כְּמַהְפֵּכַת סְדֹם וַעֲמֹרָה
אַדְמָה וּצְבֹיִים [וּצְבוֹיִם] אֲשֶׁר הָפַךְ
יְהוָה בְּאַפּוֹ וּבַחֲמָתוֹ׃

23. וְאָמְרוּ כָּל־הַגּוֹיִם עַל־מֶה עָשָׂה
יְהוָה כָּכָה לָאָרֶץ הַזֹּאת מֶה חֳרִי
הָאַף הַגָּדוֹל הַזֶּה׃

24. וְאָמְרוּ עַל אֲשֶׁר עָזְבוּ אֶת־בְּרִית
יְהוָה אֱלֹהֵי אֲבֹתָם אֲשֶׁר כָּרַת עִמָּם
בְּהוֹצִיאוֹ אֹתָם מֵאֶרֶץ מִצְרָיִם׃

25. וַיֵּלְכוּ וַיַּעַבְדוּ אֱלֹהִים אֲחֵרִים
וַיִּשְׁתַּחֲווּ לָהֶם אֱלֹהִים אֲשֶׁר
לֹא־יְדָעוּם וְלֹא חָלַק לָהֶם׃

26. וַיִּחַר־אַף יְהוָה בָּאָרֶץ הַהִוא
לְהָבִיא עָלֶיהָ אֶת־כָּל־הַקְּלָלָה
הַכְּתוּבָה בַּסֵּפֶר הַזֶּה׃

27. וַיִּתְּשֵׁם יְהוָה מֵעַל אַדְמָתָם בְּאַף
וּבְחֵמָה וּבְקֶצֶף גָּדוֹל וַיַּשְׁלִכֵם
אֶל־אֶרֶץ אַחֶרֶת כַּיּוֹם הַזֶּה׃

28. הַנִּסְתָּרֹת לַיהוָה אֱלֹהֵינוּ וְהַנִּגְלֹת
לָנוּ וּלְבָנֵינוּ עַד־עוֹלָם לַעֲשׂוֹת
אֶת־כָּל־דִּבְרֵי הַתּוֹרָה הַזֹּאת׃

**בספר התורה הזה ואמר הדור
האחרון בניכם אשר יקומו מאחריכם
והנכרי אשר יבא מארץ רחוקה וראו
את מכות הארץ ההוא ואת תחלאיה
אשר חלה יהוה בה גפרית ומלח
שרפה כל ארצה לא תזרע ולא
תצמח ולא יעלה בה כל עשב
כמהפכת סדם ועמרה אדמה וצביים
אשר הפך יהוה באפו ובחמתו ואמרו
כל הגוים על מה עשה יהוה ככה
לארץ הזאת מה חרי האף הגדול
הזה ואמרו על אשר עזבו את ברית
יהוה אלהי אבתם אשר כרת עמם
בהוציאו אתם מארץ מצרים וילכו
ויעבדו אלהים אחרים וישתחוו להם
אלהים אשר לא ידעום ולא חלק
להם ויחר אף יהוה בארץ ההוא
להביא עליה את כל הקללה
הכתובה בספר הזה ויתשם יהוה
מעל אדמתם באף ובחמה ובקצף
גדול וישלכם אל ארץ אחרת כיום
הזה הנסתרת ליהוה אלהינו והנגלת**

Torah reading divisions can be found with the table of contents.

Chapter 30

1. וְהָיָה֩ כִֽי־יָבֹ֨אוּ עָלֶ֜יךָ כָּל־הַדְּבָרִ֣ים
הָאֵ֗לֶּה הַבְּרָכָה֙ וְהַקְּלָלָ֔ה אֲשֶׁ֥ר
נָתַ֖תִּי לְפָנֶ֑יךָ וַהֲשֵׁבֹתָ֙ אֶל־לְבָבֶ֔ךָ
בְּכָל־הַגּוֹיִ֕ם אֲשֶׁ֧ר הִדִּיחֲךָ֛ יְהוָ֥ה
אֱלֹהֶ֖יךָ שָֽׁמָּה׃

2. וְשַׁבְתָּ֞ עַד־יְהוָ֤ה אֱלֹהֶ֙יךָ֙ וְשָׁמַעְתָּ֣
בְקֹל֔וֹ כְּכֹ֛ל אֲשֶׁר־אָנֹכִ֥י מְצַוְּךָ֖ הַיּ֑וֹם
אַתָּ֣ה וּבָנֶ֔יךָ בְּכָל־לְבָבְךָ֖
וּבְכָל־נַפְשֶֽׁךָ׃

3. וְשָׁ֨ב יְהוָ֧ה אֱלֹהֶ֛יךָ אֶת־שְׁבוּתְךָ֖
וְרִחֲמֶ֑ךָ וְשָׁ֗ב וְקִבֶּצְךָ֙ מִכָּל־הָ֣עַמִּ֔ים
אֲשֶׁ֧ר הֱפִֽיצְךָ֛ יְהוָ֥ה אֱלֹהֶ֖יךָ שָֽׁמָּה׃

4. אִם־יִהְיֶ֥ה נִֽדַּחֲךָ֖ בִּקְצֵ֣ה הַשָּׁמָ֑יִם
מִשָּׁ֗ם יְקַבֶּצְךָ֙ יְהוָ֣ה אֱלֹהֶ֔יךָ וּמִשָּׁ֖ם
יִקָּחֶֽךָ׃

5. וֶהֱבִֽיאֲךָ֞ יְהוָ֣ה אֱלֹהֶ֗יךָ אֶל־הָאָ֛רֶץ
אֲשֶׁר־יָרְשׁ֥וּ אֲבֹתֶ֖יךָ וִֽירִשְׁתָּ֑הּ
וְהֵיטִֽבְךָ֥ וְהִרְבְּךָ֖ מֵאֲבֹתֶֽיךָ׃

6. וּמָ֨ל יְהוָ֧ה אֱלֹהֶ֛יךָ אֶת־לְבָבְךָ֖
וְאֶת־לְבַ֣ב זַרְעֶ֑ךָ לְאַהֲבָ֞ה אֶת־יְהוָ֧ה
אֱלֹהֶ֛יךָ בְּכָל־לְבָבְךָ֥ וּבְכָל־נַפְשְׁךָ֖
לְמַ֥עַן חַיֶּֽיךָ׃

לנו ולבנינו עד עולם לעשות את כל
דברי התורה הזאת והיה
כי יבאו עליך כל הדברים האלה
הברכה והקללה אשר נתתי לפניך
והשבת אל לבבך בכל הגוים אשר
הדיחך יהוה אלהיך שמה ושבת עד
יהוה אלהיך ושמעת בקלו ככל
אשר אנכי מצוך היום אתה ובניך
בכל לבבך ובכל נפשך ושב יהוה
אלהיך את שבותך ורחמך ושב
וקבצך מכל העמים אשר הפיצך
יהוה אלהיך שמה אם יהיה נדחך
בקצה השמים משם יקבצך יהוה
אלהיך ומשם יקחך והביאך יהוה
אלהיך אל הארץ אשר ירשו אבתיך
וירשתה והיטבך והרבך מאבתיך
ומל יהוה אלהיך את לבבך ואת
לבב זרעך לאהבה את יהוה אלהיך
בכל לבבך ובכל נפשך למען חייך

Torah reading divisions can be found with the table of contents.

7. וְנָתַן֙ יְהוָ֣ה אֱלֹהֶ֔יךָ אֵ֥ת כָּל־הָאָל֖וֹת
הָאֵ֑לֶּה עַל־אֹיְבֶ֥יךָ וְעַל־שֹׂנְאֶ֖יךָ
אֲשֶׁ֥ר רְדָפֽוּךָ׃

8. וְאַתָּ֣ה תָשׁ֔וּב וְשָׁמַעְתָּ֖ בְּק֣וֹל יְהוָ֑ה
וְעָשִׂ֙יתָ֙ אֶת־כָּל־מִצְוֺתָ֔יו אֲשֶׁ֛ר אָנֹכִ֥י
מְצַוְּךָ֖ הַיּֽוֹם׃

9. וְהוֹתִֽירְךָ֩ יְהוָ֨ה אֱלֹהֶ֜יךָ בְּכֹ֣ל ׀
מַעֲשֵׂ֣ה יָדֶ֗ךָ בִּפְרִ֨י בִטְנְךָ֜ וּבִפְרִ֧י
בְהֶמְתְּךָ֛ וּבִפְרִ֥י אַדְמָתְךָ֖ לְטֹבָ֑ה כִּ֣י ׀
יָשׁ֣וּב יְהוָ֗ה לָשׂ֤וּשׂ עָלֶ֙יךָ֙ לְט֔וֹב
כַּאֲשֶׁר־שָׂ֖שׂ עַל־אֲבֹתֶֽיךָ׃

10. כִּ֣י תִשְׁמַ֗ע בְּקוֹל֙ יְהוָ֣ה אֱלֹהֶ֔יךָ
לִשְׁמֹ֤ר מִצְוֺתָיו֙ וְחֻקֹּתָ֔יו הַכְּתוּבָ֕ה
בְּסֵ֥פֶר הַתּוֹרָ֖ה הַזֶּ֑ה כִּ֤י תָשׁוּב֙
אֶל־יְהוָ֣ה אֱלֹהֶ֔יךָ בְּכָל־לְבָבְךָ֖
וּבְכָל־נַפְשֶֽׁךָ׃

11. כִּ֚י הַמִּצְוָ֣ה הַזֹּ֔את אֲשֶׁ֛ר אָנֹכִ֥י מְצַוְּךָ֖
הַיּ֑וֹם לֹא־נִפְלֵ֥את הִוא֙ מִמְּךָ֔
וְלֹ֥א־רְחֹקָ֖ה הִֽוא׃

12. לֹ֥א בַשָּׁמַ֖יִם הִ֑וא לֵאמֹ֗ר מִ֣י
יַעֲלֶה־לָּ֤נוּ הַשָּׁמַ֙יְמָה֙ וְיִקָּחֶ֣הָ לָּ֔נוּ
וְיַשְׁמִעֵ֥נוּ אֹתָ֖הּ וְנַעֲשֶֽׂנָּה׃

13. וְלֹֽא־מֵעֵ֥בֶר לַיָּ֖ם הִ֑וא לֵאמֹ֗ר מִ֣י
יַעֲבָר־לָ֜נוּ אֶל־עֵ֤בֶר הַיָּם֙ וְיִקָּחֶ֣הָ לָּ֔נוּ
וְיַשְׁמִעֵ֥נוּ אֹתָ֖הּ וְנַעֲשֶֽׂנָּה׃

14. כִּֽי־קָר֥וֹב אֵלֶ֛יךָ הַדָּבָ֖ר מְאֹ֑ד בְּפִ֥יךָ
וּבִלְבָבְךָ֖ לַעֲשֹׂתֽוֹ׃

ונתן יהוה אלהיך את כל האלות
האלה על איביך ועל שנאיך אשר
רדפוך ואתה תשוב ושמעת בקול
יהוה ועשית את כל מצותיו אשר
אנכי מצוך היום והותירך יהוה
אלהיך בכל מעשה ידך בפרי בטנך
ובפרי בהמתך ובפרי אדמתך לטבה
כי ישוב יהוה לשוש עליך לטוב
כאשר שש על אבתיך כי תשמע
בקול יהוה אלהיך לשמר מצותיו
וחקתיו הכתובה בספר התורה הזה
כי תשוב אל יהוה אלהיך בכל
לבבך ובכל נפשך כי
המצוה הזאת אשר אנכי מצוך היום
לא נפלאת הוא ממך ולא רחקה הוא
לא בשמים הוא לאמר מי יעלה לנו
השמימה ויקחה לנו וישמענו אתה
ונעשנה ולא מעבר לים הוא לאמר
מי יעבר לנו אל עבר הים ויקחה לנו
וישמענו אתה ונעשנה כי קרוב אליך

Torah reading divisions can be found with the table of contents.

15. רְאֵ֨ה נָתַ֤תִּי לְפָנֶ֙יךָ֙ הַיּ֔וֹם אֶת־הַֽחַיִּ֖ים
וְאֶת־הַטּ֑וֹב וְאֶת־הַמָּ֖וֶת וְאֶת־הָרָֽע׃

16. אֲשֶׁ֨ר אָנֹכִ֣י מְצַוְּךָ֮ הַיּוֹם֒ לְאַהֲבָ֞ה
אֶת־יְהוָ֤ה אֱלֹהֶ֙יךָ֙ לָלֶ֣כֶת בִּדְרָכָ֔יו
וְלִשְׁמֹ֛ר מִצְוֺתָ֥יו וְחֻקֹּתָ֖יו וּמִשְׁפָּטָ֑יו
וְחָיִ֣יתָ וְרָבִ֔יתָ וּבֵֽרַכְךָ֙ יְהוָ֣ה אֱלֹהֶ֔יךָ
בָּאָ֕רֶץ אֲשֶׁר־אַתָּ֥ה בָא־שָׁ֖מָּה
לְרִשְׁתָּֽהּ׃

17. וְאִם־יִפְנֶ֥ה לְבָבְךָ֖ וְלֹ֣א תִשְׁמָ֑ע
וְנִדַּחְתָּ֗ וְהִֽשְׁתַּחֲוִ֛יתָ לֵאלֹהִ֥ים אֲחֵרִ֖ים
וַעֲבַדְתָּֽם׃

18. הִגַּ֤דְתִּי לָכֶם֙ הַיּ֔וֹם כִּ֥י אָבֹ֖ד תֹּאבֵד֑וּן
לֹא־תַאֲרִיכֻ֤ן יָמִים֙ עַל־הָ֣אֲדָמָ֔ה
אֲשֶׁ֨ר אַתָּ֤ה עֹבֵר֙ אֶת־הַיַּרְדֵּ֔ן לָב֥וֹא
שָׁ֖מָּה לְרִשְׁתָּֽהּ׃

19. הַעִידֹ֨תִי בָכֶ֣ם הַיּוֹם֮ אֶת־הַשָּׁמַ֣יִם
וְאֶת־הָאָרֶץ֒ הַחַיִּ֤ים וְהַמָּ֙וֶת֙ נָתַ֣תִּי
לְפָנֶ֔יךָ הַבְּרָכָ֖ה וְהַקְּלָלָ֑ה וּבָֽחַרְתָּ֙
בַּחַיִּ֔ים לְמַ֥עַן תִּחְיֶ֖ה אַתָּ֥ה וְזַרְעֶֽךָ׃

20. לְאַהֲבָה֙ אֶת־יְהוָ֣ה אֱלֹהֶ֔יךָ לִשְׁמֹ֥עַ
בְּקֹל֖וֹ וּלְדָבְקָה־ב֑וֹ כִּ֣י ה֤וּא חַיֶּ֙יךָ֙
וְאֹ֣רֶךְ יָמֶ֔יךָ לָשֶׁ֣בֶת עַל־הָאֲדָמָ֗ה
אֲשֶׁר֩ נִשְׁבַּ֨ע יְהוָ֧ה לַאֲבֹתֶ֛יךָ
לְאַבְרָהָ֛ם לְיִצְחָ֥ק וּֽלְיַעֲקֹ֖ב לָתֵ֥ת
לָהֶֽם׃

הדבר מאד בפיך ובלבבך
לעשתו ראה נתתי
לפניך היום את החיים ואת הטוב
ואת המות ואת הרע אשר אנכי
מצוך היום לאהבה את יהוה אלהיך
ללכת בדרכיו ולשמר מצותיו
וחקתיו ומשפטיו וחיית ורבית וברכך
יהוה אלהיך בארץ אשר אתה בא
שמה לרשתה ואם יפנה לבבך ולא
תשמע ונדחת והשתחוית לאלהים
אחרים ועבדתם הגדתי לכם היום כי
אבד תאבדון לא תאריכן ימים על
האדמה אשר אתה עבר את הירדן
לבוא שמה לרשתה העדתי בכם
היום את השמים ואת הארץ החיים
והמות נתתי לפניך הברכה והקללה
ובחרת בחיים למען תחיה אתה
וזרעך לאהבה את יהוה אלהיך
לשמע בקלו ולדבקה בו כי הוא
חייך וארך ימיך לשבת על האדמה
אשר נשבע יהוה לאבתיך לאברהם
ליצחק וליעקב לתת להם

וילך משה וידבר את הדברים האלה
אל כל ישראל ויאמר אלהם בן
מאה ועשרים שנה אנכי היום לא
אוכל עוד לצאת ולבוא ויהוה אמר

Torah reading divisions can be found with the table of contents.

MAFTIR

BAMIDBAR / NUMBERS 29: 7-11

עזים אחד חטאת לכפר עליכם מלבד
עלת החדש ומנחתה ועלת התמיד
ומנחתה ונסכיהם כמשפטם לריח ניחח
אשה ליהוה ובעשור לחדש
השביעי הזה מקרא קדש יהיה לכם
ועניתם את נפשתיכם כל מלאכה לא
תעשו והקרבתם עלה ליהוה ריח ניחח
פר בן בקר אחד איל אחד כבשים בני
שנה שבעה תמימם יהיו לכם ומנחתם
סלת בלולה בשמן שלשה עשרנים
לפר שני עשרנים לאיל האחד עשרון
עשרון לכבש האחד לשבעת הכבשים
שעיר עזים אחד חטאת מלבד חטאת
הכפרים ועלת התמיד ומנחתה
ונסכיהם ובחמשה עשר
יום לחדש השביעי מקרא קדש יהיה
לכם כל מלאכת עבדה לא תעשו
וחגתם חג ליהוה שבעת
ימים והקרבתם עלה אשה ריח ניחח
ליהוה פרים בני בקר שלשה עשר
אילם שנים כבשים בני שנה ארבעה

7. וּבֶעָשׂוֹר֩ לַחֹ֨דֶשׁ הַשְּׁבִיעִ֜י הַזֶּ֗ה
מִֽקְרָא־קֹ֙דֶשׁ֙ יִהְיֶ֣ה לָכֶ֔ם וְעִנִּיתֶ֖ם
אֶת־נַפְשֹׁתֵיכֶ֑ם כָּל־מְלָאכָ֖ה לֹ֥א
תַעֲשֽׂוּ׃

8. וְהִקְרַבְתֶּ֨ם עֹלָ֤ה לַֽיהוָה֙ רֵ֣יחַ
נִיחֹ֔חַ פַּ֧ר בֶּן־בָּקָ֛ר אֶחָ֖ד אַ֣יִל
אֶחָ֑ד כְּבָשִׂ֤ים בְּנֵי־שָׁנָה֙ שִׁבְעָ֔ה
תְּמִימִ֖ם יִהְי֥וּ לָכֶֽם׃

9. וּמִ֨נְחָתָ֔ם סֹ֖לֶת בְּלוּלָ֣ה בַשָּׁ֑מֶן
שְׁלֹשָׁ֤ה עֶשְׂרֹנִים֙ לַפָּ֔ר שְׁנֵי֙
עֶשְׂרֹנִ֔ים לָאַ֖יִל הָאֶחָֽד׃

10. עִשָּׂרוֹן֙ עִשָּׂר֔וֹן לַכֶּ֖בֶשׂ הָאֶחָ֑ד
לְשִׁבְעַ֖ת הַכְּבָשִֽׂים׃

11. שְׂעִיר־עִזִּ֥ים אֶחָ֖ד חַטָּ֑את מִלְּבַ֞ד
חַטַּ֤את הַכִּפֻּרִים֙ וְעֹלַ֣ת הַתָּמִ֔יד
וּמִנְחָתָ֖הּ וְנִסְכֵּיהֶֽם׃

Torah reading divisions can be found with the table of contents.

TORAH OPTION #3: DEVARIM / DEUTERONOMY 29: 9-14; 30: 11-20

Before the Torah reading, recite one of the following blessings.
Your Rabbi or teacher will tell you which one is appropriate for your community.
The Torah reading divisions can be found with the table of contents.

You call out:

בָּרְכוּ אֶת יְיָ הַמְבֹרָךְ.

The congregation responds:

בָּרוּךְ יְיָ הַמְבֹרָךְ לְעוֹלָם וָעֶד.

You say it back to them:

בָּרוּךְ יְיָ הַמְבֹרָךְ לְעוֹלָם וָעֶד.

You continue:

בָּרוּךְ אַתָּה יְיָ אֱלֹהֵינוּ מֶלֶךְ
הָעוֹלָם, אֲשֶׁר קֵרְבָנוּ לַעֲבוֹדָתוֹ
וְנָתַן לָנוּ אֶת תּוֹרָתוֹ.
בָּרוּךְ אַתָּה יְיָ, נוֹתֵן הַתּוֹרָה.

Let us praise Adonai, the Blessed One!
Let Adonai, the Blessed One,
be praised forever!

We praise You, Adonai our God, Ruler of the universe, who brought us closer to God's Work and gave us God's Torah.

We praise You, Adonai, the Giver of Torah.

You call out:

בָּרְכוּ אֶת יְיָ הַמְבֹרָךְ.

The congregation responds:

בָּרוּךְ יְיָ הַמְבֹרָךְ לְעוֹלָם וָעֶד.

You say it back to them:

בָּרוּךְ יְיָ הַמְבֹרָךְ לְעוֹלָם וָעֶד.

You continue:

בָּרוּךְ אַתָּה יְיָ אֱלֹהֵינוּ מֶלֶךְ
הָעוֹלָם, אֲשֶׁר בָּחַר בָּנוּ מִכָּל
הָעַמִּים וְנָתַן לָנוּ אֶת תּוֹרָתוֹ.
בָּרוּךְ אַתָּה יְיָ, נוֹתֵן הַתּוֹרָה.

Let us praise Adonai, the Blessed One!
Let Adonai, the Blessed One,
be praised forever!

We praise You, Adonai our God, Ruler of the universe, who chose us from all the nations to be given God's Torah.

We praise You, Adonai, the Giver of Torah.

After the Torah reading, recite the following blessing.

בָּרוּךְ אַתָּה יְיָ אֱלֹהֵינוּ מֶלֶךְ הָעוֹלָם, אֲשֶׁר נָתַן לָנוּ תּוֹרַת אֱמֶת, וְחַיֵּי
עוֹלָם נָטַע בְּתוֹכֵנוּ. בָּרוּךְ אַתָּה יְיָ, נוֹתֵן הַתּוֹרָה.

We praise You, Adonai our God, Ruler of the universe,
Who planted eternal life among us by giving us a Teaching of truth.

We praise You, Adonai, the Giver of Torah.

Torah reading divisions can be found with the table of contents.

אתכם ארבעים שנה במדבר לא
בלו שלמתיכם מעליכם ונעלך לא
בלתה מעל רגלך לחם לא אכלתם
ויין ושכר לא שתיתם למען תדעו כי
אני יהוה אלהיכם ותבאו אל המקום
הזה ויצא סיחן מלך חשבון ועוג
מלך הבשן לקראתנו למלחמה ונכם
ונקח את ארצם ונתנה לנחלה
לראובני ולגדי ולחצי שבט המנשי
ושמרתם את דברי הברית הזאת
ועשיתם אתם למען תשכילו את כל
אשר תעשון
אתם נצבים היום כלכם לפני יהוה
אלהיכם ראשיכם שבטיכם זקניכם
ושטריכם כל איש ישראל טפכם
נשיכם וגרך אשר בקרב מחניך
מחטב עציך עד שאב מימיך לעברך
בברית יהוה אלהיך ובאלתו אשר
יהוה אלהיך כרת עמך היום למען
הקים אתך היום לו לעם והוא יהיה
לך לאלהים כאשר דבר לך וכאשר
נשבע לאבתיך לאברהם ליצחק
וליעקב ולא אתכם לבדכם אנכי
כרת את הברית הזאת ואת האלה
הזאת כי את אשר ישנו פה עמנו
עמד היום לפני יהוה אלהינו ואת

Chapter 29

9. אַתֶּ֨ם נִצָּבִ֤ים הַיּוֹם֙ כֻּלְּכֶ֔ם לִפְנֵ֖י
יְהוָ֣ה אֱלֹהֵיכֶ֑ם רָאשֵׁיכֶ֣ם שִׁבְטֵיכֶ֗ם
זִקְנֵיכֶם֙ וְשֹׁ֣טְרֵיכֶ֔ם כֹּ֖ל אִ֥ישׁ יִשְׂרָאֵֽל׃

10. טַפְּכֶ֣ם נְשֵׁיכֶ֔ם וְגֵ֣רְךָ֔ אֲשֶׁ֖ר בְּקֶ֣רֶב
מַחֲנֶ֑יךָ מֵחֹטֵ֣ב עֵצֶ֔יךָ עַ֖ד שֹׁאֵ֥ב
מֵימֶֽיךָ׃

11. לְעָבְרְךָ֗ בִּבְרִ֛ית יְהוָ֥ה אֱלֹהֶ֖יךָ
וּבְאָלָת֑וֹ אֲשֶׁר֙ יְהוָ֣ה אֱלֹהֶ֔יךָ כֹּרֵ֥ת
עִמְּךָ֖ הַיּֽוֹם׃

12. לְמַ֣עַן הָקִֽים־אֹתְךָ֩ הַיּ֨וֹם ׀ ל֜וֹ לְעָ֗ם
וְה֤וּא יִֽהְיֶה־לְּךָ֙ לֵֽאלֹהִ֔ים כַּאֲשֶׁ֖ר
דִּבֶּר־לָ֑ךְ וְכַאֲשֶׁ֤ר נִשְׁבַּע֙ לַאֲבֹתֶ֔יךָ
לְאַבְרָהָ֥ם לְיִצְחָ֖ק וּֽלְיַעֲקֹֽב׃

13. וְלֹ֥א אִתְּכֶ֖ם לְבַדְּכֶ֑ם אָנֹכִ֗י כֹּרֵת֙
אֶת־הַבְּרִ֣ית הַזֹּ֔את וְאֶת־הָאָלָ֖ה
הַזֹּֽאת׃

14. כִּי֩ אֶת־אֲשֶׁ֨ר יֶשְׁנ֜וֹ פֹּ֗ה עִמָּ֙נוּ֙ עֹמֵ֣ד
הַיּ֔וֹם לִפְנֵ֖י יְהוָ֣ה אֱלֹהֵ֑ינוּ וְאֵ֨ת אֲשֶׁ֥ר
אֵינֶ֛נּוּ פֹּ֖ה עִמָּ֥נוּ הַיּֽוֹם׃

Torah reading divisions can be found with the table of contents.

Chapter 30

11. כִּ֚י הַמִּצְוָ֣ה הַזֹּ֔את אֲשֶׁ֛ר אָנֹכִ֥י מְצַוְּךָ֖
הַיּ֑וֹם לֹֽא־נִפְלֵ֥את הִוא֙ מִמְּךָ֔
וְלֹ֥א־רְחֹקָ֖ה הִֽוא׃

12. לֹ֥א בַשָּׁמַ֖יִם הִ֑וא לֵאמֹ֗ר מִ֣י
יַֽעֲלֶה־לָּ֤נוּ הַשָּׁמַ֙יְמָה֙ וְיִקָּחֶ֣הָ לָּ֔נוּ
וְיַשְׁמִעֵ֥נוּ אֹתָ֖הּ וְנַעֲשֶֽׂנָּה׃

13. וְלֹֽא־מֵעֵ֥בֶר לַיָּ֖ם הִ֑וא לֵאמֹ֗ר מִ֣י
יַֽעֲבָר־לָ֜נוּ אֶל־עֵ֤בֶר הַיָּם֙ וְיִקָּחֶ֣הָ לָּ֔נוּ
וְיַשְׁמִעֵ֥נוּ אֹתָ֖הּ וְנַעֲשֶֽׂנָּה׃

14. כִּֽי־קָר֥וֹב אֵלֶ֛יךָ הַדָּבָ֖ר מְאֹ֑ד בְּפִ֥יךָ
וּבִלְבָבְךָ֖ לַעֲשֹׂתֽוֹ׃

15. רְאֵ֨ה נָתַ֤תִּי לְפָנֶ֙יךָ֙ הַיּ֔וֹם אֶת־הַחַיִּ֖ים
וְאֶת־הַטּ֑וֹב וְאֶת־הַמָּ֖וֶת וְאֶת־הָרָֽע׃

16. אֲשֶׁ֨ר אָנֹכִ֣י מְצַוְּךָ֮ הַיּוֹם֒ לְאַהֲבָ֞ה
אֶת־יְהוָ֤ה אֱלֹהֶ֙יךָ֙ לָלֶ֣כֶת בִּדְרָכָ֔יו
וְלִשְׁמֹ֛ר מִצְוֺתָ֥יו וְחֻקֹּתָ֖יו וּמִשְׁפָּטָ֑יו
וְחָיִ֣יתָ וְרָבִ֔יתָ וּבֵֽרַכְךָ֙ יְהוָ֣ה אֱלֹהֶ֔יךָ
בָּאָ֕רֶץ אֲשֶׁר־אַתָּ֥ה בָא־שָׁ֖מָּה
לְרִשְׁתָּֽהּ׃

17. וְאִם־יִפְנֶ֥ה לְבָבְךָ֖ וְלֹ֣א תִשְׁמָ֑ע
וְנִדַּחְתָּ֗ וְהִֽשְׁתַּחֲוִ֛יתָ לֵאלֹהִ֥ים אֲחֵרִ֖ים
וַעֲבַדְתָּֽם׃

בקול יהוה אלהיך לשמר מצותיו
וחקתיו הכתובה בספר התורה הזה
כי תשוב אל יהוה אלהיך בכל
לבבך ובכל נפשך כי
המצוה הזאת אשר אנכי מצוך היום
לא נפלאת הוא ממך ולא רחקה הוא
לא בשמים הוא לאמר מי יעלה לנו
השמימה ויקחה לנו וישמענו אתה
ונעשנה ולא מעבר לים הוא לאמר
מי יעבר לנו אל עבר הים ויקחה לנו
וישמענו אתה ונעשנה כי קרוב אליך
הדבר מאד בפיך ובלבבך
לעשתו ראה נתתי
לפניך היום את החיים ואת הטוב
ואת המות ואת הרע אשר אנכי
מצוך היום לאהבה את יהוה אלהיך
ללכת בדרכיו ולשמר מצותיו
וחקתיו ומשפטיו וחיית ורבית וברכך
יהוה אלהיך בארץ אשר אתה בא
שמה לרשתה ואם יפנה לבבך ולא
תשמע ונדחת והשתחוית לאלהים
אחרים ועבדתם הגדתי לכם היום כי

Torah reading divisions can be found with the table of contents.

18. הִגַּ֤דְתִּי לָכֶם֙ הַיּ֔וֹם כִּ֥י אָבֹ֖ד תֹּאבֵד֑וּן לֹא־תַאֲרִיכֻ֤ן יָמִים֙ עַל־הָ֣אֲדָמָ֔ה אֲשֶׁ֨ר אַתָּ֜ה עֹבֵ֧ר אֶת־הַיַּרְדֵּ֛ן לָב֥וֹא שָׁ֖מָּה לְרִשְׁתָּֽהּ׃

19. הַעִדֹ֨תִי בָכֶ֣ם הַיּוֹם֮ אֶת־הַשָּׁמַ֣יִם וְאֶת־הָאָרֶץ֒ הַחַיִּ֤ים וְהַמָּ֙וֶת֙ נָתַ֣תִּי לְפָנֶ֔יךָ הַבְּרָכָ֖ה וְהַקְּלָלָ֑ה וּבָֽחַרְתָּ֙ בַּֽחַיִּ֔ים לְמַ֥עַן תִּֽחְיֶ֖ה אַתָּ֥ה וְזַרְעֶֽךָ׃

20. לְאַֽהֲבָה֙ אֶת־יְהֹוָ֣ה אֱלֹהֶ֔יךָ לִשְׁמֹ֥עַ בְּקֹל֖וֹ וּלְדׇבְקָה־ב֑וֹ כִּ֣י ה֤וּא חַיֶּ֙יךָ֙ וְאֹ֣רֶךְ יָמֶ֔יךָ לָשֶׁ֣בֶת עַל־הָאֲדָמָ֗ה אֲשֶׁר֩ נִשְׁבַּ֨ע יְהֹוָ֧ה לַאֲבֹתֶ֛יךָ לְאַבְרָהָ֛ם לְיִצְחָ֥ק וּֽלְיַעֲקֹ֖ב לָתֵ֥ת לָהֶֽם׃

אבד תאבדון לא תאריכן ימים על
האדמה אשר אתה עבר את הירדן
לבוא שמה לרשתה העדתי בכם
היום את השמים ואת הארץ החיים
והמות נתתי לפניך הברכה והקללה
ובחרת בחיים למען תחיה אתה
וזרעך לאהבה את יהוה אלהיך
לשמע בקלו ולדבקה בו כי הוא
חייך וארך ימיך לשבת על האדמה
אשר נשבע יהוה לאבתיך לאברהם
ליצחק וליעקב לתת להם
וילך משה וידבר את הדברים האלה
אל כל ישראל ויאמר אלהם בן
מאה ועשרים שנה אנכי היום לא
אוכל עוד לצאת ולבוא ויהוה אמר

Torah reading divisions can be found with the table of contents.

HAFTARAH: YISH'AYAH / ISAIAH 57: 14 TO 58: 14 (OR 58: 1-14)

Before the *Haftarah* reading, recite one of the following blessings.
Your rabbi or teacher will tell you which one is appropriate for your community.

בָּרוּךְ אַתָּה יְיָ אֱלֹהֵינוּ מֶלֶךְ
הָעוֹלָם, אֲשֶׁר בָּחַר בִּנְבִיאִים
טוֹבִים, וְרָצָה בְדִבְרֵיהֶם הַנֶּאֱמָרִים
בֶּאֱמֶת, בָּרוּךְ אַתָּה יְיָ, הַבּוֹחֵר
בַּתּוֹרָה וּבְמֹשֶׁה עַבְדּוֹ, וּבְיִשְׂרָאֵל
עַמּוֹ, וּבִנְבִיאֵי הָאֱמֶת וָצֶדֶק.

We praise You, Adonai our God, Ruler of the universe, who appointed good prophets, and who expected lessons of truth in the things they said.

We praise You, Adonai, who chose the Torah and Moshe, God's servant, and Yisra'el, God's people, and prophets of truth and righteousness.

בָּרוּךְ אַתָּה יְיָ אֱלֹהֵינוּ מֶלֶךְ
הָעוֹלָם, אֲשֶׁר בָּחַר בִּנְבִיאִים
טוֹבִים, וְרָצָה בְדִבְרֵיהֶם הַנֶּאֱמָרִים
בֶּאֱמֶת, בָּרוּךְ אַתָּה יְיָ, הַבּוֹחֵר
בַּתּוֹרָה וּבְמֹשֶׁה עַבְדּוֹ, וּבִנְבִיאֵי
הָאֱמֶת וָצֶדֶק.

We praise You, Adonai our God, Ruler of the universe, who appointed good prophets, and who expected lessons of truth in the things they said.

We praise You, Adonai, who chose the Torah and Moshe, God's servant, and prophets of truth and righteousness.

NOTE: SOME CONGREGATIONS START THE HAFTARAH AT CHAPTER 58.

Chapter 57

14. וְאָמַר סֹלּוּ־סֹלּוּ פַּנּוּ־דָרֶךְ הָרִימוּ
מִכְשׁוֹל מִדֶּרֶךְ עַמִּי׃

15. כִּי כֹה אָמַר רָם וְנִשָּׂא שֹׁכֵן עַד
וְקָדוֹשׁ שְׁמוֹ מָרוֹם וְקָדוֹשׁ אֶשְׁכּוֹן
וְאֶת־דַּכָּא וּשְׁפַל־רוּחַ לְהַחֲיוֹת רוּחַ
שְׁפָלִים וּלְהַחֲיוֹת לֵב נִדְכָּאִים׃

16. כִּי לֹא לְעוֹלָם אָרִיב וְלֹא לָנֶצַח
אֶקְּצוֹף כִּי־רוּחַ מִלְּפָנַי יַעֲטוֹף
וּנְשָׁמוֹת אֲנִי עָשִׂיתִי׃

17. בַּעֲוֹן בִּצְעוֹ קָצַפְתִּי וְאַכֵּהוּ הַסְתֵּר
וְאֶקְצֹף וַיֵּלֶךְ שׁוֹבָב בְּדֶרֶךְ לִבּוֹ׃

18. דְּרָכָיו רָאִיתִי וְאֶרְפָּאֵהוּ וְאַנְחֵהוּ
וַאֲשַׁלֵּם נִחֻמִים לוֹ וְלַאֲבֵלָיו׃

19. בּוֹרֵא נוּב [נִיב] שְׂפָתָיִם שָׁלוֹם |
שָׁלוֹם לָרָחוֹק וְלַקָּרוֹב אָמַר יְהוָה
וּרְפָאתִיו׃

20. וְהָרְשָׁעִים כַּיָּם נִגְרָשׁ כִּי הַשְׁקֵט לֹא
יוּכָל וַיִּגְרְשׁוּ מֵימָיו רֶפֶשׁ וָטִיט׃

21. אֵין שָׁלוֹם אָמַר אֱלֹהַי לָרְשָׁעִים׃

Chapter 58

1. קְרָ֤א בְגָרוֹן֙ אַל־תַּחְשֹׂ֔ךְ כַּשּׁוֹפָ֖ר הָרֵ֣ם קוֹלֶ֑ךָ וְהַגֵּ֤ד לְעַמִּי֙ פִּשְׁעָ֔ם וּלְבֵ֥ית יַעֲקֹ֖ב חַטֹּאתָֽם׃

2. וְאוֹתִ֗י י֥וֹם יוֹם֙ יִדְרֹשׁ֔וּן וְדַ֥עַת דְּרָכַ֖י יֶחְפָּצ֑וּן כְּג֞וֹי אֲשֶׁר־צְדָקָ֣ה עָשָׂ֗ה וּמִשְׁפַּ֤ט אֱלֹהָיו֙ לֹ֣א עָזָ֔ב יִשְׁאָל֙וּנִי֙ מִשְׁפְּטֵי־צֶ֔דֶק קִרְבַ֥ת אֱלֹהִ֖ים יֶחְפָּצֽוּן׃

3. לָ֤מָּה צַּמְנוּ֙ וְלֹ֣א רָאִ֔יתָ עִנִּ֥ינוּ נַפְשֵׁ֖נוּ וְלֹ֣א תֵדָ֑ע הֵ֣ן בְּי֤וֹם צֹֽמְכֶם֙ תִּמְצְאוּ־חֵ֔פֶץ וְכָל־עַצְּבֵיכֶ֖ם תִּנְגֹּֽשׂוּ׃

4. הֵ֣ן לְרִ֤יב וּמַצָּה֙ תָּצ֔וּמוּ וּלְהַכּ֖וֹת בְּאֶגְרֹ֣ף רֶ֑שַׁע לֹא־תָצ֣וּמוּ כַיּ֔וֹם לְהַשְׁמִ֥יעַ בַּמָּר֖וֹם קוֹלְכֶֽם׃

5. הֲכָזֶ֗ה יִֽהְיֶה֙ צ֣וֹם אֶבְחָרֵ֔הוּ י֛וֹם עַנּ֥וֹת אָדָ֖ם נַפְשׁ֑וֹ הֲלָכֹ֨ף כְּאַגְמֹ֜ן רֹאשׁ֗וֹ וְשַׂ֤ק וָאֵ֙פֶר֙ יַצִּ֔יעַ הֲלָזֶה֙ תִּקְרָא־צ֔וֹם וְי֥וֹם רָצ֖וֹן לַיהֹוָֽה׃

6. הֲל֣וֹא זֶה֮ צ֣וֹם אֶבְחָרֵהוּ֒ פַּתֵּ֙חַ֙ חַרְצֻבּ֣וֹת רֶ֔שַׁע הַתֵּ֖ר אֲגֻדּ֣וֹת מוֹטָ֑ה וְשַׁלַּ֤ח רְצוּצִים֙ חׇפְשִׁ֔ים וְכׇל־מוֹטָ֖ה תְּנַתֵּֽקוּ׃

7. הֲל֨וֹא פָרֹ֤ס לָֽרָעֵב֙ לַחְמֶ֔ךָ וַעֲנִיִּ֥ים מְרוּדִ֖ים תָּ֣בִיא בָ֑יִת כִּֽי־תִרְאֶ֤ה עָרֹם֙ וְכִסִּית֔וֹ וּמִבְּשָׂרְךָ֖ לֹ֥א תִתְעַלָּֽם׃

8. אָ֣ז יִבָּקַ֤ע כַּשַּׁ֙חַר֙ אוֹרֶ֔ךָ וַאֲרֻכָתְךָ֖ מְהֵרָ֣ה תִצְמָ֑ח וְהָלַ֤ךְ לְפָנֶ֙יךָ֙ צִדְקֶ֔ךָ כְּב֥וֹד יְהֹוָ֖ה יַאַסְפֶֽךָ׃

9. אָ֤ז תִּקְרָא֙ וַיהֹוָ֣ה יַעֲנֶ֔ה תְּשַׁוַּ֖ע וְיֹאמַ֣ר הִנֵּ֑נִי אִם־תָּסִ֤יר מִתּֽוֹכְךָ֙ מוֹטָ֔ה שְׁלַ֥ח אֶצְבַּ֖ע וְדַבֶּר־אָֽוֶן׃

10. וְתָפֵ֤ק לָֽרָעֵב֙ נַפְשֶׁ֔ךָ וְנֶ֥פֶשׁ נַעֲנָ֖ה תַּשְׂבִּ֑יעַ וְזָרַ֤ח בַּחֹ֙שֶׁךְ֙ אוֹרֶ֔ךָ וַאֲפֵלָתְךָ֖ כַּֽצׇּהֳרָֽיִם׃

11. וְנָחֲךָ֣ יְהֹוָה֮ תָּמִיד֒ וְהִשְׂבִּ֤יעַ בְּצַחְצָחוֹת֙ נַפְשֶׁ֔ךָ וְעַצְמֹתֶ֖יךָ יַחֲלִ֑יץ וְהָיִ֙יתָ֙ כְּגַ֣ן רָוֶ֔ה וּכְמוֹצָ֣א מַ֔יִם אֲשֶׁ֥ר לֹא־יְכַזְּב֖וּ מֵימָֽיו׃

12. וּבָנ֤וּ מִמְּךָ֙ חׇרְב֣וֹת עוֹלָ֔ם מֽוֹסְדֵ֥י דוֹר־וָד֖וֹר תְּקוֹמֵ֑ם וְקֹרָ֤א לְךָ֙ גֹּדֵ֣ר פֶּ֔רֶץ מְשֹׁבֵ֥ב נְתִיב֖וֹת לָשָֽׁבֶת׃

13. אִם־תָּשִׁ֤יב מִשַּׁבָּת֙ רַגְלֶ֔ךָ עֲשׂ֥וֹת חֲפָצֶ֖יךָ בְּי֣וֹם קׇדְשִׁ֑י וְקָרָ֨אתָ לַשַּׁבָּ֜ת עֹ֗נֶג לִקְד֤וֹשׁ יְהֹוָה֙ מְכֻבָּ֔ד וְכִבַּדְתּוֹ֙ מֵעֲשׂ֣וֹת דְּרָכֶ֔יךָ מִמְּצ֥וֹא חֶפְצְךָ֖ וְדַבֵּ֥ר דָּבָֽר׃

14. אָ֗ז תִּתְעַנַּג֙ עַל־יְהֹוָ֔ה וְהִרְכַּבְתִּ֖יךָ עַל־[בָּמֳתֵי] אָ֑רֶץ וְהַאֲכַלְתִּ֗יךָ נַחֲלַת֙ יַעֲקֹ֣ב אָבִ֔יךָ כִּ֛י פִּ֥י יְהֹוָ֖ה דִּבֵּֽר׃

After the *Haftarah* reading, the following blessings are recited. Note that there are choices for some of them. Your Rabbi or teacher will tell you which ones are appropriate for your community.

Words in parentheses are read when Yom Kippur falls on Shabbat.

בָּרוּךְ אַתָּה יְיָ אֱלֹהֵינוּ מֶלֶךְ הָעוֹלָם, צוּר כָּל הָעוֹלָמִים, צַדִּיק בְּכָל
הַדּוֹרוֹת, הָאֵל הַנֶּאֱמָן הָאוֹמֵר וְעֹשֶׂה, הַמְדַבֵּר וּמְקַיֵּם, שֶׁכָּל דְּבָרָיו אֱמֶת
וָצֶדֶק. נֶאֱמָן אַתָּה הוּא יְיָ אֱלֹהֵינוּ, וְנֶאֱמָנִים דְּבָרֶיךָ, וְדָבָר אֶחָד מִדְּבָרֶיךָ
אָחוֹר לֹא יָשׁוּב רֵיקָם, כִּי אֵל מֶלֶךְ נֶאֱמָן וְרַחֲמָן אָתָּה.
בָּרוּךְ אַתָּה יְיָ, הָאֵל הַנֶּאֱמָן בְּכָל דְּבָרָיו.

We praise You, Adonai our God, Ruler of the universe, Creator of all the worlds, righteous in every generation. The faithful God who does what God says, who speaks and fulfills it, whose every word is true and just. Adonai our God, You are faithful, Your words are faithful, and nothing You say ever goes unfulfilled. You are a faithful and merciful God and Ruler.

We praise You, Adonai, the God who is faithful in every word.

רַחֵם עַל צִיּוֹן כִּי הִיא בֵּית חַיֵּינוּ,
וְלַעֲלוּבַת נֶפֶשׁ תּוֹשִׁיעַ בִּמְהֵרָה
בְּיָמֵינוּ.
בָּרוּךְ אַתָּה יְיָ, מְשַׂמֵּחַ צִיּוֹן בְּבָנֶיהָ.

Show compassion for Tzion, for she is our lifelong home. Redeem her distressed spirit soon and in our lifetime.

We praise you, Adonai, who enables Tzion to rejoice with her children.

רַחֵם עַל צִיּוֹן כִּי הִיא בֵּית חַיֵּינוּ,
וּלְעַמְּךָ יִשְׂרָאֵל תּוֹשִׁיעַ בִּמְהֵרָה
בְּיָמֵינוּ.
בָּרוּךְ אַתָּה יְיָ, מְשַׂמֵּחַ צִיּוֹן בְּבָנֶיהָ.

Show compassion for Tzion, for she is our lifelong home, and redeem your people Israel soon and in our lifetime.

We praise you, Adonai, who enables Tzion to rejoice with her children.

שַׂמְּחֵנוּ, יְיָ אֱלֹהֵינוּ, בְּאֵלִיָּהוּ הַנָּבִיא
עַבְדֶּךָ, בִּמְהֵרָה יָבֹא וְיָגֵל לִבֵּנוּ.
וְהֵשִׁיב לֵב אָבוֹת עַל בָּנִים וְלֵב
בָּנִים עַל אֲבוֹתָם, וּבֵיתְךָ בֵּית
תְּפִלָּה יִקָּרֵא לְכָל הָעַמִּים.
בָּרוּךְ אַתָּה יְיָ, מֵבִיא שָׁלוֹם לָעַד.

Adonai our God, grant us joy in Eliyahu Your prophet and servant. Come soon to lift our hearts. Turn the hearts of parents to their children, and the hearts of children to their parents. May Your House be called a House of Prayer for all nations.

We praise You, Adonai,
who brings peace for all time.

שַׂמְּחֵנוּ, יְיָ אֱלֹהֵינוּ, בְּאֵלִיָּהוּ הַנָּבִיא
עַבְדֶּךָ, וּבְמַלְכוּת בֵּית דָּוִד
מְשִׁיחֶךָ, בִּמְהֵרָה יָבֹא וְיָגֵל לִבֵּנוּ,
עַל כִּסְאוֹ לֹא יֵשֵׁב זָר, וְלֹא יִנְחֲלוּ
עוֹד אֲחֵרִים אֶת כְּבוֹדוֹ, כִּי בְשֵׁם
קָדְשְׁךָ נִשְׁבַּעְתָּ לּוֹ שֶׁלֹּא יִכְבֶּה נֵרוֹ
לְעוֹלָם וָעֶד.
בָּרוּךְ אַתָּה יְיָ, מָגֵן דָּוִד.

Adonai our God, grant us joy in Eliyahu Your prophet and servant, and in the reign of the dynasty of David, Your anointed king. May he come soon and lift our hearts.

Let no stranger sit on his throne. Let others no longer inherit his glory, for You swore to him by Your holy Name that his light would never go out.

We praise You, Adonai, Shield of David.

עַל הַתּוֹרָה, וְעַל הָעֲבוֹדָה, וְעַל
הַנְּבִיאִים, (וְעַל יוֹם הַשַּׁבָּת הַזֶּה) וְעַל
יוֹם הַכִּפֻּרִים הַזֶּה, שֶׁנָּתַתָּ לָּנוּ, יְיָ
אֱלֹהֵינוּ, (לִקְדֻשָּׁה וְלִמְנוּחָה) לִמְחִילָה
וְלִסְלִיחָה וּלְכַפָּרָה, וְלִמְחָל-בּוֹ אֶת
כָּל עֲוֹנוֹתֵינוּ, לְכָבוֹד וּלְתִפְאָרֶת.
עַל הַכֹּל, יְיָ אֱלֹהֵינוּ, אֲנַחְנוּ מוֹדִים
לָךְ, וּמְבָרְכִים אוֹתָךְ. יִתְבָּרַךְ שִׁמְךָ
בְּפִי כָּל חַי תָּמִיד לְעוֹלָם וָעֶד,
וּדְבָרְךָ אֱמֶת וְקַיָּם לָעַד.

בָּרוּךְ אַתָּה יְיָ, מֶלֶךְ מוֹחֵל וְסוֹלֵחַ
לַעֲוֹנוֹתֵינוּ וְלַעֲוֹנוֹת עַמּוֹ בֵּית
יִשְׂרָאֵל, וּמַעֲבִיר אַשְׁמוֹתֵינוּ
בְּכָל-שָׁנָה וְשָׁנָה, מֶלֶךְ
עַל-כָּל-הָאָרֶץ
מְקַדֵּשׁ (הַשַּׁבָּת וְ) יִשְׂרָאֵל
וְיוֹם הַכִּפֻּרִים.

For the Torah, for our worship, for the prophets, (for today's Shabbat), and for today's Day of Atonement that You, Adonai our God, gave us for (holiness, rest,) pardoning, forgiveness, atonement, and forgiving our errors with glory and wonder: for everything, Adonai our God, we thank You and praise You. May the lips of every living thing glorify Your Name forever. Your words are Truth. They will last for all time.

We praise You, Adonai, the forgiving Ruler who annuls the errors of God's people, Yisra'el, who forgives our own errors every year, Ruler over the whole earth, who makes (Shabbat), Yisra'el, and the Day of Atonement holy.

עַל הַתּוֹרָה, וְעַל הָעֲבוֹדָה, וְעַל
הַנְּבִיאִים, (וְעַל יוֹם הַשַּׁבָּת הַזֶּה) וְעַל
יוֹם הַכִּפֻּרִים הַזֶּה, שֶׁנָּתַתָּ לָּנוּ, יְיָ
אֱלֹהֵינוּ, (לִקְדֻשָּׁה וְלִמְנוּחָה) לִמְחִילָה
וְלִסְלִיחָה וּלְכַפָּרָה, לְכָבוֹד
וּלְתִפְאָרֶת.
עַל הַכֹּל, יְיָ אֱלֹהֵינוּ, אֲנַחְנוּ מוֹדִים
לָךְ, וּמְבָרְכִים אוֹתָךְ. יִתְבָּרַךְ שִׁמְךָ
בְּפִי כָּל חַי תָּמִיד לְעוֹלָם וָעֶד,
וּדְבָרְךָ אֱמֶת וְקַיָּם לָעַד.

בָּרוּךְ אַתָּה יְיָ, מֶלֶךְ מוֹחֵל וְסוֹלֵחַ
לַעֲוֹנוֹתֵינוּ וְלַעֲוֹנוֹת עַמּוֹ בֵּית
יִשְׂרָאֵל, וּמַעֲבִיר אַשְׁמוֹתֵינוּ
בְּכָל-שָׁנָה וְשָׁנָה, מֶלֶךְ
עַל-כָּל-הָאָרֶץ
מְקַדֵּשׁ (הַשַּׁבָּת וְ) יִשְׂרָאֵל
וְיוֹם הַכִּפֻּרִים.

For the Torah, for our worship, for the prophets, (for today's Shabbat), and for today's Day of Atonement that You, Adonai our God, gave us for (holiness, rest,) pardoning, forgiveness, atonement, glory, and wonder: for everything, Adonai our God, we thank You and praise You. May the lips of every living thing glorify Your Name forever. Your words are Truth. They will last for all time.

We praise You, Adonai, the forgiving Ruler who annuls the errors of God's people, Yisra'el, who forgives our own errors every year, Ruler over the whole earth, who makes (Shabbat), Yisra'el, and the Day of Atonement holy.

TA'AMEI HA-MIKRA: TROP CHARTS

Let's face it: learning trop can be very difficult. In the Western world, we're used to the idea that each musical sign represents a single tone, but with trop, most signs (*ta'amim*) represent musical phrases. To add to the difficulty, there are 28 separate trop signs — each with a unique musical phrase, and sometimes the phrasing changes depending on the combination of *ta'amim* (though very few readings contain all 28 *ta'amim*). Sure, you can find sheet music to help you out, but if you're like me and don't read music, you might wind up more confused. Oy!

I developed the charts in this section to help people like me. Most of the *ta'amim* are grouped into sequences that are used commonly in the Tanah. The grids enable the teacher and the student to chart the music as it goes higher or lower.

These charts have proven quite helpful with my own students. I hope you find them just as useful!

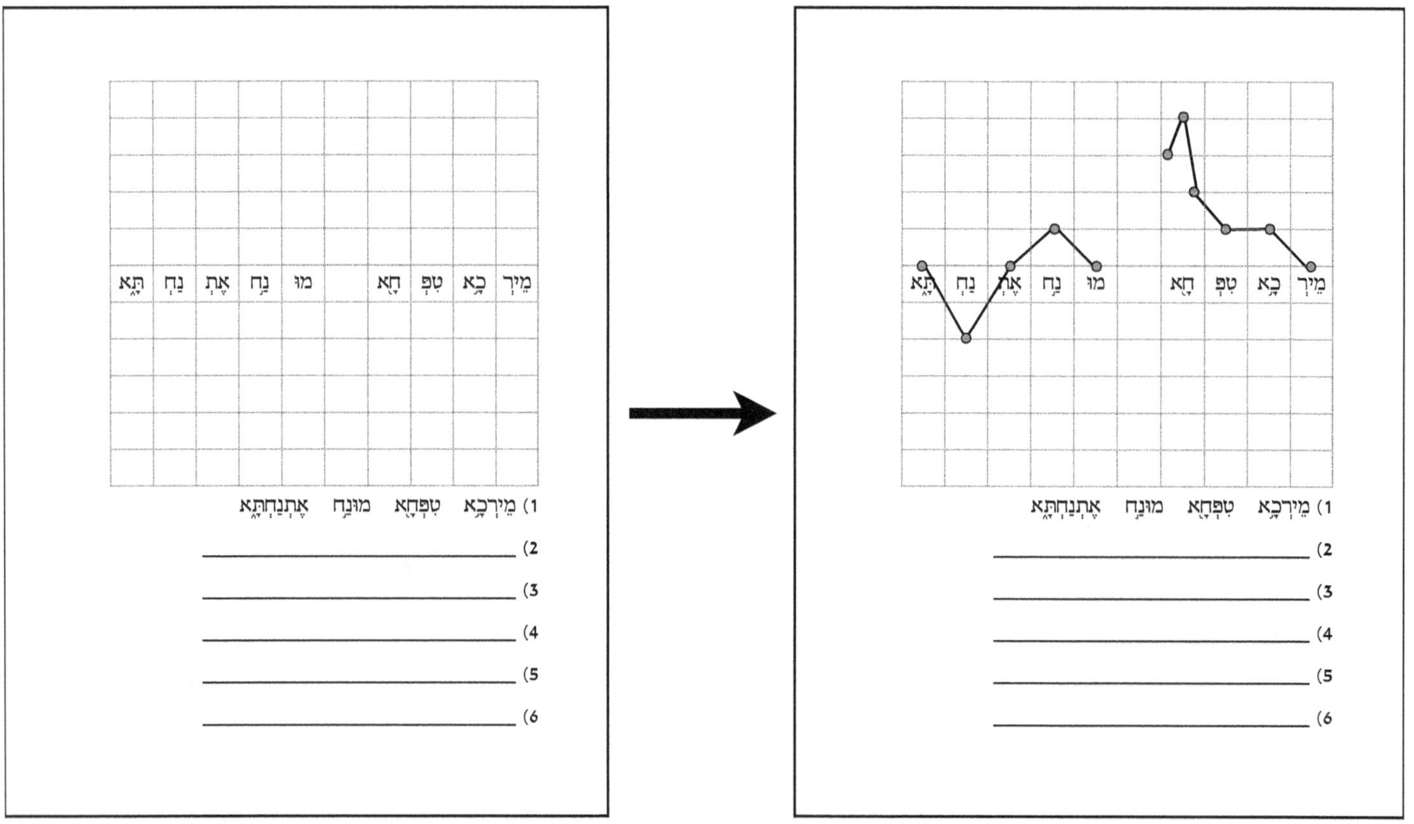

TORAH TROP

מֵיר כָא טִפְ חָא מֵיר כָא סוֹף פָּ סוּק

1) מֵירְכָא טִפְחָא מֵירְכָא סוֹף–פָּסוּק

(2 ______________________

(3 ______________________

(4 ______________________

(5 ______________________

(6 ______________________

מֵיר כָא טִפְ חָא מוּ נַח אֶתְ נַח תָּא

1) מֵירְכָא טִפְחָא מוּנַח אֶתְנַחְתָּא

(2 ______________________

(3 ______________________

(4 ______________________

(5 ______________________

(6 ______________________

TORAH TROP

קַדְ	מָ֙א	מַהְ	פַּ֤ךְ	פַּשְׁ	טָא֙	מוּ	נַ֣ח	קָ	טֹ֔ון

1) קַדְמָ֙א מַהְפַּ֤ךְ פַּשְׁטָא֙ מוּנַ֣ח קָטֹ֔ון

2) ______

3) ______

4) ______

5) ______

6) ______

קַדְ	מָ֙א	וְ	אַזְ	לָ֜א	מוּ	נַ֣ח	רְ	בִי	עִ֗י

1) קַדְמָ֙א וְאַזְלָ֜א מוּנַ֣ח רְבִיעִ֗י

2) ______

3) ______

4) ______

5) ______

6) ______

TORAH TROP

דַּרְ	גָּ֧א	תְ	בִ֛יר		מֵ֥ירְ	כָ֥א	תְ	בִ֛יר

1) דַּרְגָּ֧א תְבִ֛יר מֵ֥ירְכָ֥א תְבִ֛יר

(2 ______

(3 ______

(4 ______

(5 ______

(6 ______

מוּ	נַ֣ח	תְ	לִי	שָׁא	קְ	טַ	נָּ֩ה

1) מוּנַ֣ח תְלִישָׁא-קְטַנָּ֩ה

(2 ______

(3 ______

(4 ______

(5 ______

(6 ______

TORAH TROP

מוּ נַ֣ח תְ֠ לִי שָׁא גְ דוֹ לָה

1) מוּנַ֣ח תְ֠לִישָׁא-גְדוֹלָה

2) ______________________

3) ______________________

4) ______________________

5) ______________________

6) ______________________

מוּ נַ֣ח גֵּ֜ רְ שַׁ֞ יִם פָּ זֵ֡ר

1) מוּנַ֣ח גֵּ֜רְשַׁ֞יִם פָּזֵ֡ר

2) ______________________

3) ______________________

4) ______________________

5) ______________________

TORAH TROP

מוּ נַ֣ח זַ֣ר קָ֮א מוּ נַ֣ח סֶ גוֹ֒ל

1) מוּנַ֣ח זַרְקָ֮א מוּנַ֣ח סֶגוֹ֒ל

(2

(3

(4

(5

(6

זָ קֵ֔ף גָּ ד֕וֹל יְ֚ תִיב

1) זָקֵ֔ף-גָּד֕וֹל יְ֚תִיב

(2

(3

(4

(5

(6

TORAH TROP

שַׁלְ	שֶׁ֓	לֶת			קַרְ	נֵי	פָ	רָ֟ה	

1) שַׁלְשֶׁ֓לֶת קַרְנֵי־פָרָ֟ה

2) ____________

3) ____________

4) ____________

5) ____________

6) ____________

גֵ֜	רֵשׁ			יֶ֪	רַח־	בֶּן־	יוֹ	מ֪וֹ	

1) גֵּ֜רֵשׁ יֶ֪רַח־בֶּן־יוֹמ֪וֹ

2) ____________

3) ____________

4) ____________

5) ____________

6) ____________

TORAH TROP

					לָ֦ה	פוּ	כְ	כָא	מֵירְ

1) מֵירְכָא כְפוּלָ֦ה

2) ______________________

3) ______________________

4) ______________________

5) ______________________

6) ______________________

Haftarah Trop

מֵיר	כָ֣א	טִפְ	חָ֖א		מֵיר	כָ֣א	סוֹף	פָּ	סוֹק

1) מֵירְכָ֣א טִפְחָ֖א מֵירְכָ֣א סוֹף־פָּסוֹק

(2 ______

(3 ______

(4 ______

(5 ______

(6 ______

מֵיר	כָ֣א	טִפְ	חָ֖א		מוּ	נַ֣ח	אֶתְ	נַח	תָּ֑א

1) מֵירְכָ֣א טִפְחָ֖א מוּנַ֣ח אֶתְנַחְתָּ֑א

(2 ______

(3 ______

(4 ______

(5 ______

(6 ______

HAFTARAH TROP

טֹון	קָ	נַח	מוּ	טָא	פַּשְׁ	פַּךְ	מַהְ	מָא	קַדְ

1) קַדְמָא מַהְפַּךְ פַּשְׁטָא מוּנַח קָטֹון

2) ______

3) ______

4) ______

5) ______

6) ______

עִי	בִי	רְ	נַח	מוּ	לָא	אַזְ	וְ	מָא	קַדְ

1) קַדְמָא וְאַזְלָא מוּנַח רְבִיעִי

2) ______

3) ______

4) ______

5) ______

6) ______

Haftarah Trop

דַרְ	גָּ֫א	תְ	בִ֣יר		מֵירְ	כָ֥א	תְ	בִ֣יר	

1) דַרְגָּ֫א תְבִ֣יר מֵירְכָ֥א תְבִ֣יר

2) __________

3) __________

4) __________

5) __________

6) __________

מוּ	נַ֣ח	תְּ	לִי	שָׁא	קְ	טַ	נָּ֩ה		

1) מוּנַ֣ח תְּלִישָׁא־קְטַנָּ֩ה

2) __________

3) __________

4) __________

5) __________

6) __________

Haftarah Trop

מוּ נַ֣ח תְ֠ לִי שָׁא גְ דוֹ לָה

1) מוּנַ֣ח תְ֠לִישָׁא-גְדוֹלָה

2) ______

3) ______

4) ______

5) ______

6) ______

מוּ נַ֣ח גֵּ֜ר שַׁ יִּ֞ם פָּ זֵ֡ר

1) מוּנַ֣ח גֵּ֜רְשַׁיִּ֞ם פָּזֵ֡ר

2) ______

3) ______

4) ______

5) ______

Haftarah Trop

מוּ נַ֣ח זַ֮ר קָ֮א מוּ נַ֣ח סֶ֑ גוֹ֒ל

1) מוּנַ֣ח זַרְקָ֮א מוּנַ֣ח סֶגוֹ֒ל

2) ______

3) ______

4) ______

5) ______

6) ______

זָ קֵף גָּ דּ֗וֹל יְ֚ תִיב

1) זָקֵף־גָּד֗וֹל יְ֚תִיב

2) ______

3) ______

4) ______

5) ______

6) ______

Haftarah Trop

שַׁלְ שֶׁ֓ לֶת   קַרְ נֵי פָ רָ֟ה

1) שַׁלְשֶׁ֓לֶת   קַרְנֵי-פָרָ֟ה

2) ______

3) ______

4) ______

5) ______

6) ______

גֵּ רֵשׁ   יֶ רַח- בֶּן- יוֹ מֹו

1) גֵּרֵשׁ   יֶרַח-בֶּן-יוֹמוֹ

2) ______

3) ______

4) ______

5) ______

6) ______

Haftarah Trop

1) מֵירְכָא כְפוּלָהֶ֦

(2 ______________________________

(3 ______________________________

(4 ______________________________

(5 ______________________________

(6 ______________________________